DRYAS

Danijela Albrecht

Balkan bittersüß

Abenteuer Alltag in Bosnien-Herzegowina

Dryas Verlag

PEFC/04-31-0880

Das für dieses Buch eingesetzte Papier ist ein Produkt aus nachhaltiger Forstwirtschaft. Klimaneutral gedruckt.

1. Auflage 2011

Herausgeber: Dryas Verlag, Oldenburg, gegr. in Mannheim

Umschlaggestaltung: Rosa Segerer, Segerer Design
Umschlagbild und Bildteil: Danijela Albrecht
Lektorat: Stephan Ditschke
Herstellung: Gabriel A. Neumann, Heidelberg
Druck: Strauss GmbH, Mörlenbach

Bibliografische Information der Deutschen Bibliothek:
Die Deutsche Bibliothek verzeichnet diese Publikation in der Deutschen Nationalbiografie, detaillierte bibliografische Daten sind im Internet über http://dnb.ddb.de abrufbar

ISBN: 978-3-940855-11-4
www.dryas.de

Für meine Familie
Za moju obitelj

In Erinnerung an Jela und Šimun Jurić
U spomen na Jelu i Šimuna Jurić

Danijela Albrecht:
Balkan bittersüß
Abenteuer Alltag in Bosnien-Herzegowina

Vorab: Dryas Verlag setzt sich für bewusstes Reisen ein

Liebe Leserinnen und Leser,

die Reisebücher des Dryas Verlags beschreiben das Leben und den Alltag in anderen Kulturen. Sie sollen Sie inspirieren, bewusst zu reisen, mit offenen Augen, und Unterschiede als Bereicherung zu erfahren.

Bewusstes Reisen heißt für mich, offen zu sein für Anderes und Neues, es aktiv anzunehmen – es heißt aber auch, nicht die Augen zu verschließen vor Problemen, und diese ebenso aktiv anzugehen. Aus diesem Grund spendet der Verlag für jedes verkaufte Buch 50 Cent an eine Organisation, die in der jeweils beschriebenen Region soziale, kulturelle oder ökologische Projekte unterstützt.

Der Dryas Verlag ist auch Mitglied im „Forum anders Reisen e.V.", ein Zusammenschluss, der sich für Tourismusformen einsetzt, die langfristig ökologisch tragbar, wirtschaftlich machbar sowie ethisch und sozial gerecht für ortsansässige Gemeinschaften sind. Diesem Ziel der Nachhaltigkeit verpflichten wir uns.

Die mit dem vorliegenden Buch gesammelten Spenden gehen an die SOS-Kinderdörfer in Bosnien-Herzegowina, die während des Krieges elternlose Kinder in Pflegefamilien untergebracht haben und sich besonders für Toleranz im Alltag einsetzen. Mehr zu den Projekten der Kinderdörfer erfahren Sie unter www.sos-ds.ba.

Ich bedanke mich für Ihren Beitrag für die SOS-Kinderdörfer und wünsche viel Vergnügen beim Entdecken der unbekannteren Seiten Bosnien-Herzegowinas.

Sandra Thoms
Verlegerin Dryas Verlag

Inhaltsverzeichnis

Anhang

Vorwort

Ich hatte niemals die Absicht, ein Buch über den Alltag in Bosnien-Herzegowina zu schreiben. Viele Jahre lang, ganz gleich ob in Deutschland oder in Bosnien-Herzegowina, lebte ich diesen Alltag aktiv oder durch zahlreiche Telefonate und E-Mails mit, ohne darüber nachzudenken, was das Besondere daran ist.
Es war meine Mutter, die mich immer wieder ermunterte, die lustigen, traurigen und manchmal geradezu bizarren Alltagssituationen niederzuschreiben und sie für die Nachwelt festzuhalten. An einem Tag im Herbst 2005 beschloss ich, ihren Wunsch zu erfüllen und begann, meine Gedanken chronologisch zu sortieren und in Form von Kurzgeschichten niederzuschreiben: Erlebnisse aus meiner Kindheit im mittlerweile nicht mehr existierenden Staat Jugoslawien und meiner Jugend während des Zerfalls Jugoslawiens bzw. des Bürgerkriegs in Bosnien-Herzegowina. Nach Ende des Krieges reiste ich als Abiturientin und junge Erwachsene in das Land, das mich so geprägt hatte, und fand nichts mehr so vor, wie es einmal gewesen war. Zwar ist in den letzten fünf Jahren eine allmähliche demokratische, westlich orientierte Entwicklung in Bosnien-Herzegowina zu beobachten, diese wird jedoch allzu oft von Korruption, nationalistischen Strömungen und Gewalt überschattet. Es sind die typischen Folgen des Krieges in einem armen Land, das stets unter fremder Herrschaft gestanden oder Teil eines künstlichen Staatskonstrukts gewesen ist.
Bosnien-Herzegowina ist aber nicht nur der Schauplatz zahlreicher Balkankriege, es ist ein Land reich an Geschichte und Kultur. Die Natur ist zu großen Teilen wild und unberührt und die Landschaft ab-

wechslungsreich. Die Architektur in den Städten spiegelt die unterschiedlichen Einflüsse jahrtausendealter europäischer und orientalischer Geschichte wider. Es sind allerdings in erster Linie die Bewohner, die den Alltag zu einem Erlebnis machen. Seit dem Endes des Krieges im Jahr 1995 leben sie mehr neben- als miteinander, doch das die meiste Zeit friedlich. Serben, Kroaten und Bosniaken sind sich in vielen Ansichten, Traditionen und Wertvorstellungen sehr ähnlich, auch wenn in der Öffentlichkeit das Gegenteil behauptet wird. Gastfreundlichkeit ist eine solche Tradition, die alle verbindet. Ganz gleich, woher man kommt: Fremde werden immer freundlich aufgenommen und bewirtet. Jeder, der Interesse an dem Land, seinen Einwohnern und reichhaltigem Essen bekundet, wird ins Herz geschlossen. In Bosnien-Herzegowina ist es möglich, abseits der Touristenregionen ein Land kennenzulernen, das wie kein anderes den lebensfrohen, aber auch spannungsgeladenen und schwierigen Mikrokosmos des Balkan verkörpert: Multiethnisches Nebeneinander und nationalistische Tendenzen, Christentum und Islam, patriarchale Traditionen und post-sozialistische Relikte hinsichtlich der Gleichberechtigung der Geschlechter, westliches Konsumverhalten in den Städten und einfaches Landleben außerhalb urbaner Zentren.
Dieses Buch richtet sich an Menschen, die sich dafür begeistern können, mitten in Europa in eine fremde Welt einzutauchen und sich auf das Abenteuer Balkan mit der Perspektive der einfachen Bürger des Landes einzulassen. Es ist aber auch für solche für Leserinnen und Leser gedacht, deren Wurzeln in Bosnien-Herzegowina liegen und die mit dem Alltagsleben bereits zum Teil vertraut sind, sowie für Menschen, die Bosnien-Herzegowina bereits bereist

haben, aber einen neuen Blickwinkel einnehmen und mehr über das Land erfahren möchten.
Die folgenden Seiten handeln von persönlichen Erlebnissen und Erfahrungen aus mehr als 30 Jahren Lebenszeit, die stets von Land und Leuten geprägt war. Die Figuren in den einzelnen Kapiteln sind fiktiv und die beschriebenen Situationen erheben selbstverständlich keinen Anspruch auf Gültigkeit in jedem Winkel des Landes. Sie präsentieren jedoch einen realistischen und gleichzeitig vielseitigen Ausschnitt aus dem bittersüßen Alltag in Bosnien-Herzegowina.

Grabgeflüster

Jedes Jahr am zweiten Sonntag im August trifft sich meine Familie im Dorf meines Urgroßvaters Milan. Seit jeher leben meine Verwandten in zehn verschiedenen Ländern, und seit dem Bürgerkrieg in Bosnien-Herzegowina sind es noch mehr von ihnen: in Deutschland, Österreich, Frankreich, Irland, Schweden, den Niederlanden, den USA, Kanada, Australien – und in Bosnien-Herzegowina. Zurückgeblieben oder zurückgekehrt sind die Alten und diejenigen, die es sich nicht vorstellen können, fern der Heimat zu leben.
Das diesjährige Familientreffen ist gleichzeitig auch eine Verlobungsfeier, denn Cousine Mirjana, die seit einigen Jahren in Chicago lebt, wird heute der gesamten Familie ihren Verlobten William vorstellen. Natürlich ist dies nicht die einzige internationale Beziehung in meiner Familie. William ist jedoch der erste zukünftige Verwandte afro-amerikanischer Herkunft. Wir sind sehr gespannt, wie Uropa Milan das aufnehmen wird. Er dürfte noch nie zuvor die Gelegenheit gehabt haben, einen Afro-Amerikaner kennenzulernen.
Mein Urgroßvater wurde 1913 in Drežnica geboren und ist heute der älteste lebende Verwandte in unserer weitverzweigten Sippe. Wir dürfen ihn nur „Opa Milan" nennen, weil er sich sonst „so alt fühlt", wie er zu sagen pflegt. Die weisen Worte eines 95-Jährigen ...
Drežnica ist ein abgelegenes Bergdorf, das aus mehreren kleinen Weilern besteht. Um dort hinzugelangen, fährt man von Mostar in Richtung Sarajevo. Die Straße führt an einem glasklaren, blau-grünen Stausee entlang, rechts und links erheben sich die Bergmassive. Manchmal wird die Straße so eng, dass

man Angst hat, sie könnte hinter der nächsten Kurve von einer Gebirgswand verschluckt werden. Früher sind wir jeden Sommer im Stausee in Salakovac geschwommen, heute schwimmen in einem abgetrennten Teil des Sees Unmengen von Fischen. Die norwegische Regierung trägt mit einer groß angelegten Fischfarm zum EU-Wiederaufbauprogramms in Bosnien-Herzegowina bei. Die Fahrt nach Dreznica kann sich rasch zu einem Abenteuer entwickeln, was an den unbeleuchteten Tunneln und dem Gegenverkehr liegt. Es vergeht kaum ein Wochenende, an dem nicht ein Autofahrer samt seiner Beifahrer wegen überhöhter Geschwindigkeit oder Alkohol am Steuer auf dieser Straße verunglückt.

Heute fahren wir mit einer ganzen Autokolonne zum Familienfest, allen voran Onkel *Živac*[1] in seinem überdimensionalen Geländewagen. Er glaubt, er mache somit den Weg frei. Ich bilde mit meinem Wagen den Schluss der Kolonne und genieße die Fahrt bei offenem Fenster und die Tatsache, dass sich keiner meiner Verwandten samt riesigen, mit Essen beladenen Platten in mein Auto gesetzt hat. Onkel Živac arbeitete früher als Busfahrer, und man könnte meinen, das hätte ihm jegliche Freude am Fahren für alle Zeiten verdorben, denn wir tuckern mit 50 Stundenkilometern auf der M 17 hintereinander her. Einmal werden wir sogar von einem etwa 35 Jahre alten Lada überholt. Davon lässt sich Onkel Živac allerdings nicht beeindrucken und hält beharrlich das Schneckentempo. Im Radio läuft eine Show namens *Nostalgija,* die jugoslawische Rock- und Punkmusik aus den 1970er und 1980er Jahren wieder zum Leben erweckt. Wir fahren am serbisch-orthodoxen Friedhof vorbei. Er sieht verwittert aus und ich frage mich, ob niemand

1 Bosn./Kroat./Serb. (umgangsspr.) „Onkel Nerv".

mehr hingeht, um an den Gräbern der Verstorbenen zu gedenken. Vermutlich gibt es in dieser Gegend einfach keine Serben mehr, denn auffällig viele Moscheen säumen die Straße. Sie wurden in den letzten zehn Jahren errichtet, finanziert durch potente Geldgeber aus verschiedenen arabischen Ländern. Vermutlich leben hier jedoch deshalb keine Serben mehr, weil sie – wie zahllose Kroaten und Bosniaken[2] – Opfer ethnischer Säuberungen geworden sind und sich nach Kriegsende nicht mehr in ihren Heimatorten niederlassen konnten. Viele Bosniaken können wiederum nicht mehr in ihre Dörfer in Bosnien zurückkehren, da diese jetzt zur Serbischen Republik gehören und sie nicht mit ihren ehemaligen Peinigern zusammenleben können oder wollen. Jetzt leben sie hier und haben ein Gebiet, das vormals mehrheitlich von Christen besiedelt war, ihren kulturellen und religiösen Bedürfnissen architektonisch angepasst.
Nach etwa einer halben Stunde Fahrt biegen wir links ab, und nun beginnt der vorletzte Abschnitt unserer Fahrt: der Aufstieg in die Berge. Wir können ihn nur im ersten oder zweiten Gang bewältigen. Die Straße ist steil und die Kurven sind sehr eng. Erschwert wird das Ganze durch eine Herde Kühe, die frei auf

2 „Bosniake" bzw. „Bosniakin" bezeichnet die in Bosnien-Herzegowina ansässigen Muslime und steht sowohl für die Religions-, als auch die Volkszugehörigkeit. Als „Bosnier" werden die Angehörigen des Staates Bosnien-Herzegowinas im Ausland genannt, unabhängig von ihrer Religions- oder Volkszugehörigkeit. „Bosniakisch" ist eine Variante des Štokavischen – eine Dialektgruppe der südslawischen Sprachen – und wird als eigenständige sprachliche Variante betrachtet. Umgangssprachlich verwendet man die Bezeichnungen „Bosnier" oder „Muslime" und „bosnisch". Sie sind synonym mit den offiziellen Bezeichnungen „Bosniake" und „bosniakisch".

der Straße herumläuft. Gegen die Kühe hat auch Onkel Živac' Geländewagen keine Chance. Also bleiben wir stehen und warten, bis sie sich von der Straße bequemen, indem sie gemächlich über die Unmengen von losen Steinen steigen, die überall herumliegen. *Baka*[3] erzählte mir immer wieder, wie sie in ihrer Kindheit mit ihren Geschwistern fast jeden Tag die Steine von den Feldern, die bestellt werden mussten, räumte und daraus lose Steinmauern an den Wegrändern baute. Auch heute noch gehört das Steineräumen zum Alltag vieler Landwirte in der Herzegowina. Wenn man die Hauptstraßen im Tal verlässt und nur ein paar Kilometer die Berge hinauffährt, sieht man nahezu überall die losen Mauern aus grauem Schiefer.
Nach einer knappen halben Stunde und einer filmreifen Vorstellung mit Onkel Živac und einer besonders sturen und langsamen schwarz-weiß gescheckten Kuh in der Hauptrolle, können wir unsere Fahrt fortsetzen. Onkel Živac' Halsschlagader ist dick wie ein Gartenschlauch, und obwohl wir immerhin schon wieder fahren, hört er nicht auf, die neben uns hertrottenden Kühe mit allerhand Flüchen zu belegen. Nach weiteren fünf Kilometern kommt die größte Herausforderung: Wir verlassen die schmale Bergstraße und fahren das letzte Stück auf einer kurvigen, unbefestigten Straße ohne Leitplanken. Wer sich nach einem Adrenalinstoß sehnt, ist hier genau richtig und kann sich einen Bungee-Sprung sparen.
Vor mir steigt Baka aus Jonnys Auto aus, denn niemand könnte sie je bewegen, diesen Streckenabschnitt im Auto sitzend zurückzulegen. Sie lässt es sich natürlich nicht nehmen, mir mitzuteilen, dass ich als „anständige Frau“ nichts hinter einem Lenk-

3 Bosn./ Kroat./ Serb. (umgangsspr.) Oma.

rad zu suchen hätte und sie sich einen schöneren Tod für mich vorstellen könne. Das ist genau das, was ich hören möchte, während ich auf einem Schotterweg am Rand einer Schlucht entlangfahre. Im Schritttempo bewegen wir uns vorwärts und passieren zuerst eine bosnische Siedlung. Die wenigen Menschen, die dort noch leben, haben sich versammelt, um unseren Konvoi zu bestaunen. Das dürfte in dieser Einöde das Ereignis des Jahres sein. Onkel Živac, dessen Halsschlagader sich wieder im Normalzustand befindet, brüllt den Schaulustigen irgendetwas zu und gebart sich wie der nordkoreanische Diktator Kim Jong Il bei einer seiner berüchtigten Militärparaden. Doch die Dorfbewohner sind keine Passanten, die zum Jubeln einbestellt wurden. Stattdessen starren sie ihn fassungslos an und sind vermutlich froh, dass sie nicht mit ihm verwandt sind. Nach ein paar Metern kommt uns Bakas jüngster Bruder – Onkel Ilija – zu Fuß entgegen, um uns zu begrüßen. Er ist der jüngste Sohn von Uropa Milan und lebt mit ihm und seiner Frau in einem Haus, das 1929 errichtet wurde. Weder die Partisanen, noch die Ustaša verirrten sich im Zweiten Weltkrieg hierher. Erst im Bürgerkrieg der 1990er Jahre hielten Zerstörung und Vertreibung auch in diesem entlegenen Flecken Einzug. Vor dem Haus haben sich schon einige Verwandte versammelt und natürlich die 17 Dorfbewohner, die hier ständig leben. Nachdem wir alle kreuz und quer geparkt und uns ausgiebig begrüßt haben, geht Opa Milan auf William zu, um ihn willkommen zu heißen. Doch anstatt ihn zu umarmen, kneift er ihn ein paar Mal in den rechten Arm, bis Mirjana einschreitet und den sichtlich konsternierten William zur Seite zieht.
„Opa, was soll der Unsinn?“
Opa Milan lächelt und sagt: „Mirjana, ich habe noch nie in meinem Leben einen Schwarzen gesehen. Ich

wollte doch nur einmal fühlen, ob seine Haut dicker ist als unsere." Dann umarmt er William und küsst ihn auf beide Wangen.
Als Jonny gerade ansetzt, Opa Milans eigentümliche Erklärung ins Englische zu übersetzen, wirft ihm Mirjana einen Blick zu, der jegliche Übersetzungen für die Ewigkeit unterbindet. Stattdessen setzt sich unser Tross in Richtung Friedhof in Bewegung. Jedes ordentliche Familienfest in Südosteuropa fängt mit einer Messe oder religiösen Zeremonie an. In diesem Fall findet sie auf dem kleinen Friedhof statt, damit der Toten gedacht wird. Sie werden auf diese Weise eingebunden und bleiben somit unter uns.
Wir haben fast den Friedhof erreicht, da hören wir eine heisere Männerstimme. Das Flüstern kommt eindeutig aus einem der Gräber und ich sehe, wie sich die Miene unseres amerikanischen Besuchers versteinert und seine Augen sich vor Schreck weiten. Während William, Mirjana und ein paar weitere Verwandte verunsichert stehen bleiben, gehe ich langsam auf das Grab zu, aus dem die Stimme dringt. Das Murmeln wird lauter und deutlicher. Ich schaue vorsichtig über den Rand der Grube und sehe einen etwa 65-jährigen Mann mit Halbglatze, verschwitzt und verschmutzt auf dem Boden liegen, Arme und Beine seitlich von sich gestreckt.
Es ist Opas Nachbar Tenk. Niemand weiß, wieso er den Spitznamen „Panzer" (*Tenk*) trägt, der seit seiner Kindheit mit ihm verbunden ist. Seit Tagen bereitet er schon das Doppelgrab für sich selbst und seine Frau vor, obwohl sie sich beide bester Gesundheit erfreuen. Das eigene Grab zu schaufeln, ist in abgelegenen Orten nicht ungewöhnlich: Es gibt hier keinen Bestatter und keinen Friedhofsgärtner. Die Kinder leben meist in den Städten oder im Ausland, sodass man sich selbst um die letzte Ruhestätte kümmert,

indem man das Grab aushebt und anschließend eine wetterfeste Plane darüber spannt. Sollte der Tod unerwartet eintreffen, kann die verstorbene Person schnell begraben werden, ohne dass der Leichnam gekühlt werden muss. Zum Schluss wird ein Grabstein – vereinzelt auch mit einem eingelassenen Foto des Verstorbenen – sowie eine Marmorplatte über die gesamte Länge des Grabes gelegt. Die Platte dient der vereinfachten Grabpflege, vor allem in kleineren Orten, in denen keine Hinterbliebenen mehr leben, und nicht zuletzt zum Schutz vor Verwitterung: Im Sommer erreicht das Thermometer nahezu täglich 40 Grad Celsius, im Winter machen es Regen, Schnee und Stürme den Menschen schwer, zum Friedhof zu gelangen und die Grabstätte instand zu halten.

Tenk hatte sich in das eigenhändig ausgehobene Grab gelegt, um zu prüfen, ob es lang und tief genug für zwei Personen ist. Wir versammeln uns alle um die Grube und blicken auf Tenk, der sich langsam aufrichtet. Während er sich die Erde vom schweißnassen Gesicht wischt, erklärt Tenk uns voller Stolz, dass der Platz im Grab sogar noch für die Porzellanschwansammlung seiner Frau ausreicht. Denn ohne die Porzellanschwäne könne sie sich nicht vorstellen, begraben zu werden. Damit haben Traditionen oder Religion nichts zu tun, sie habe die Figuren einfach so liebgewonnen, dass sie neben ihnen im Grab liegen wolle. William muss mittlerweile von Mirjana gestützt werden, und er sieht aus, als ob er sich gleich in das frisch ausgehobene Grab übergeben müsse.

Nach der Messe geht es zurück zu Opas Haus, und das große Gelage beginnt. Mittlerweile hat sich der alte Josip mit seinem Akkordeon zu uns gesellt und spielt traditionelle Volkslieder, die außer ihm und Uropa Milan niemand mehr kennt, und nach zwei Gläsern Traubenschnaps scheint es auch William besser zu gehen. Wir sitzen alle an einer langen Tafel auf dem Platz vor Opas Haus. Auf dem Tisch stehen unzählige Platten beladen mit Lamm- und Schweinefleisch, gebackenen Kartoffeln, rohen Zwiebeln (für das Lammfleisch), Tomaten, geräuchertem Schinken und selbstgemachtem Käse. Dazu wird starker, selbstgekelterter Weißwein gereicht. Alle sind ausgelassen und versuchen gleichzeitig, sämtliche Ereignisse des vergangenen Jahres gleichzeitig zu erzählen. Mittlerweile gehört auch ein Sprachengewirr aus diversen indo-germanischen, slawischen und romanischen Sprachen zum Familienfest. Von unserer Tafel aus können wir die einzigartige Landschaft sehen: Bergkuppen, teilweise mit Schnee bedeckt, satte, grüne Wiesen, terrassenartige Felder und weit unten der glasklare, eiskalte Fluss Drežanjka. Es gibt kaum eine schönere Aussicht, und diese muss man nicht mit Touristen teilen. Es ist unser privater, bosnisch-herzegowinischer Grand Canyon und Opa Milan ist zugleich der Häuptling und der Schamane unseres Stammes.

Nach dem Essen erhebt sich Opa Milan und fordert seine Urenkel samt ihren Partnern auf, ihm zu folgen. Jedes Jahr erklärt er uns auf einem ausgiebigen Rundgang, woher wir stammen, denn er fürchtet, dass das Heimatgefühl und das Verständnis für die hiesigen Traditionen in unserer Generation verloren gehen wird, nicht zuletzt weil so viele von uns im Ausland leben. Bevor es losgeht, suchen wir uns alle einen langen, möglichst dicken Stock. In dieser Gegend gibt es viele Schlangen, und wir müssen während unseres Rundgangs mit den Stöcken möglichst laut auf den Boden schlagen, um die Schlangen zu erschrecken und einen Angriff oder gar Biss zu vermeiden. Opa Milans Tour beginnt mit dem steilen Aufstieg zu einer etwas höher gelegenen Ebene. Es

ist das Land, das bereits von seinen Vorfahren bestellt wurde, und auf dem Onkel Ilija heute immer noch Tomaten und Kartoffeln anpflanzt. Opa Milan ist in seinem Element und es ist erstaunlich, wie behände er den Aufstieg meistert. Er ist nicht einmal außer Atem. Weiter geht es zum Friedhof, wo uns Opa Milan alljährlich die größte Vision seines Lebens darlegt: Er träumt davon, dass alle Familienmitglieder eines Tages hier begraben sein werden, ganz gleich, wo sie ihr Leben verbracht haben. Für ihn ist die physische Wiedervereinigung mit der heimatlichen Erde ein heiliger Akt. Jedes Jahr erzählt er von seinem Bruder, der kurz nach dem Ersten Weltkrieg in die USA auswanderte und dort 1970 verstarb. Unter widrigsten Umständen und über große Umwege wurde sein Leichnam nach Jugoslawien überführt und schließlich in Drežnica beigesetzt. Diese Geschichte soll uns eine Lehre sein, sagt Opa Milan: Wenn es vor über 30 Jahren möglich war, in einem Sarg zurückzukehren, dann sollte es heute erst recht kein Problem darstellen. Wir schweigen und schauen ihn kaum an, während er erzählt.
Es ist fast unwirklich auf dieser Wiese, unter uns Opa Milans Haus und die Familie, über uns die Bergkuppen und der tiefblaue Himmel. Da stehen wir nun, zwischen Himmel und Erde, Opa Milan und seine Urenkel. Dieses Jahr sind wir aus den Vereinigten Staaten, aus England, Schweden, Frankreich und Deutschland angereist, um einen Tag mit der gesamten Familie zu verbringen. Und jetzt stehen wir auf diesem Stück Land, das seit Hunderten von Jahren im Besitz meines Familienclans ist. Für einen Moment spüre ich die Verbundenheit zwischen uns und der Erde unter unseren Füßen, während Opa Milan von den Wölfen und Bären erzählt, die bis vor wenigen Jahren noch hier lebten und das Leben der Dorf-

gemeinschaft erschwerten und bedrohten. Doch mit dem Kriegsausbruch sind nicht nur die Menschen, sondern auch die wilden Tiere verschwunden. Opa Milan ist traurig über diesen Verlust, denn die Wölfe und Bären gehörten seit Generationen zum Leben in Drežnica.

Der Moment der Verbundenheit hält leider nicht allzu lange an. Ich werde keine Schaufel in die Hand nehmen und im Alter von 27 Jahren Vorbereitungen für mein eigenes Begräbnis treffen. Ich möchte in einem unauffälligen, spießigen, durchschnittlichen deutschen Grab liegen.

Ich drehe mich um und sehe Opa Milan, wie er mit einem geradezu melancholischen Blick auf die Berge blickt. Ich atme tief durch und gehe langsam zu ihm hinüber. Schweigend stehen wir nebeneinander und genießen die Aussicht. Dann lächelt er mich an und sagt: „Ich bin glücklich, dass ihr euch alle dieses Jahr hier versammelt habt. Ich denke, es wird für mich die letzte Familienfeier gewesen sein. Ich bin jetzt 95 Jahre alt. Es wird Zeit für mich zu gehen."

Ich beobachte, wie Opa Milan langsam den schmalen Trampelpfad zu seinem Haus hinabsteigt, und dann überlege ich mir doch, welche Länge und Tiefe meine Grabstelle haben müsste, damit noch genügend Platz für meine Turnschuhsammlung bleibt.

Big Biznis

6.00 – 7.00 Uhr

Heute stehe ich um 6 Uhr auf, um meinem Cousin Jonny und Baka bei den Vorbereitungen für die Hochzeit meiner gleichaltrigen Cousine Katarina zu helfen. Zum heutigen Fest hat sie nicht nur die engere Familie eingeladen, zu der etwas über 100 Personen gehören – sie feiert im großen Kreis mit knapp 400 Gästen. Jonny, der ein Catering-Unternehmen mit dem Namen *Big Biznis*[1] führt, richtet einen Teil der Feierlichkeiten aus und glaubt, unter besonders großem Druck zu stehen, da einige Verwandte aus dem Ausland zu dieser Hochzeit kommen werden und er sie mit einem ausgezeichnetem Service beeindrucken möchte. Angeblich kommt sogar ein Cousin meiner Großmutter aus Australien. Er war seit 40 Jahren nicht mehr in Bosnien-Herzegowina und Baka befürchtet, dass er die sozialen und politischen Veränderungen nicht verkraften und daher bei der Feier einen Zusammenbruch erleiden wird. Ich hingegen vermute, dass ihn der *loza,* unser selbstgemachter Traubenschnaps, mit großer Wahrscheinlichkeit das Licht am Ende des Tunnels sehen lassen wird, bis ihn diverse Gläser Jägermeister wieder ins Leben holen werden. Seit einigen Jahren boomt der Verkauf und Konsum von Jägermeister in Bosnien-Herzegowina. Der ursprüngliche Zweck des Magenbitters, die Verdauung anzuregen, ist den Menschen dabei völlig fremd. Vielmehr avancierte der Jägermeister zum Trendgetränk bei Jung und Alt und

1 Bosn./ Kroat./ Serb. umgangssprachlich für „Big Business".

wird bei jeder feierlichen Gelegenheit serviert.
Jonny, Katarina und ich sind nicht einfach nur verwandt. Wir sind auch beste Freunde, was in diesem Kulturkreis nicht untypisch ist: Cousinen und Cousins sind oftmals gleichaltrig und freunden sich an. Sie wachsen als Spielgefährten auf und leben manchmal sogar unter einem Dach oder in direkter Nachbarschaft.
Für hiesige Verhältnisse ist Jonny äußerst unkonventionell, und der Name seines Catering-Unternehmens ist nur ein weiterer Beweis dafür. Sein Motto in Bezug auf bosnisch-herzegowinische Hochzeiten ist seit mehreren Jahren: „Das sind keine Hochzeiten, das ist *big biznis*! Damit kann man hier richtig Kohle verdienen, denn geheiratet wird immer!" Das stimmt, mit einer Ausnahme wird das ganze Jahr über geheiratet. Nur in der Fastenzeit von Aschermittwoch bis Ostern finden in Bosnien-Herzegowina keine katholischen Hochzeiten statt.
Jonny ist der Sohn meiner Tante, die mittlerweile mit einem ehemaligen französischen Fremdenlegionär verheiratet ist und in Paris lebt, und eines Amerikaners, mit dem sie einige Jahre zusammen war, während sie in Deutschland wohnte. Jonny wurde in Kaiserslautern geboren, lebte zeitweise mit seiner Mutter in London und reiste auch später viel herum, immer auf der Suche nach einer rentablen Geschäftsidee. Seine Eltern trennten sich, als er acht Jahre alt war. Baka hat nie verstanden, wie sich meine Tante in einen Amerikaner verlieben konnte. Doch seit ihre Tochter mit einem Franzosen algerischer Herkunft verheiratet ist, sehnt sie sich häufig nach dem amerikanischen Ex-Soldaten zurück. „Er war wenigstens weiß", knurrt sie dann und schickt gleichzeitig ein Stoßgebet hinterher, dass meine Tante keine Kinder mehr mit ihrem jetzigen Ehemann haben möge. Be-

merkungen mit solch rassistischen Anklängen und Auslegungen des katholischen, serbisch-orthodoxen oder muslimischen Glaubens je nach Situation sind in ländlichen Gegenden leider nicht ungewöhnlich. Dort leben die Menschen zumeist ein ganzes Stück von den Großstädten entfernt, es wird nur wenig Zeitung gelesen – abgesehen vom Sportteil und den Polizeiberichten natürlich – und die Nachrichten werden in der Regel selektiv geschaut: Die Leute auf dem Land interessieren sich nur für die Geschehnisse im eigenen Land und in den Nachbarländern Kroatien und Serbien, je nachdem, welcher ethnischen Gruppe man angehört. Ergänzt wird das Halbwissen durch die Erzählungen Verwandter, die im Ausland leben, und auch das wird abhängig von der erzählenden Person ausgeschmückt – Fakten sind vernachlässigbar. Es ist die Geschichte, die Sensation, die zählt.

Jonny war immer Bakas Sorgenkind. Zuerst befürchtete sie, dass er kein Serbokroatisch oder Kroatisch lernen und niemals eine Kirche von innen sehen würde. Als sich seine Eltern trennten, hatte sie Angst, dass er vom „rechten Weg abkommen" könnte, wie sie es nannte. Vor allem aber war sie immer in Sorge um sein Seelenheil, weil er außerehelich gezeugt und geboren wurde. Nun jedoch ist sie sehr glücklich darüber, dass Jonny vor zwei Jahren beschlossen hat, zu ihr zu ziehen, um hier sein Glück zu suchen.

Um sechs Uhr früh trotte ich schlaftrunken in die Küche und finde Jonny, Oma und mein Onkel Bego bereits am Esstisch sitzend. Frühstück beinhaltet in der Regel keinerlei Lebensmittel, zumindest nicht für Erwachsene. Es besteht vielmehr aus ein oder zwei Tassen stark gebrühtem türkischem Mokka und mindestens fünf Zigaretten.

Onkel Bego ist der jüngste Sohn meiner Großmutter. Er wurde wie alle wehrfähigen Männer zu Beginn des Bürgerkriegs in Bosnien-Herzegowina eingezogen und blieb bis zum Ende der Auseinandersetzungen in der Armee. Als er wieder zurückkam, war er nicht mehr derselbe. Er hatte keine äußeren Verletzungen erlitten, doch er war schwer traumatisiert von dem, was er erlebt hatte. Noch immer muss er fast 20 verschiedene Tabletten nehmen, damit er den Tag übersteht. Meistens spricht er nicht, sondern lebt einfach nur unseren Alltag mit. Er raucht viel und ist trotz der Beruhigungstabletten manchmal sehr nervös. Dann zittern seine Hände und sein Blick wirkt gehetzt, als fühlte er sich eingesperrt oder verfolgt. Baka erzählte uns einmal, dass Onkel Bego in einen Fluss voller Leichen und Blut gesprungen war, als seine Kaserne von den Serben angegriffen wurde und er fliehen musste. Aber niemand weiß genau, was er durchlitten hat. Mittlerweile geht er zur Therapie, und es scheint ihm ein wenig besser zu gehen, denn mit jeder Woche zittert er etwas weniger stark.

Ich setze mich neben Onkel Bego und lehne meinen Kopf an seine Schulter. Man muss sehr behutsam mit ihm sein. Er kann nicht gut mit körperlicher Nähe umgehen, da er nur selten unterscheiden kann, ob man ihn angreifen oder ihm nahe sein will. Heute lässt er die Berührung zu und lächelt sogar. Baka reicht mir – nicht ohne einen vorwurfsvollen Blick – eine Tasse Kamillentee mit Honig zum Frühstück. Es hat Jahre gedauert, bis sie akzeptiert hat, dass ich *kava* (Kaffee) nicht vertrage. Einmal habe ich mit ihr einen Mokka zum Frühstück getrunken, damit sie zu nörgeln aufhört. Nach diesem Experiment litt ich unter Herzrasen, dass man mir wohl schon von Weitem ansehen konnte. Baka war jedoch überzeugt, dass ihre Enkelkinder in der *dijaspora* verweichlicht und ‚verwestlicht' geworden waren.

Baka und Jonny sind auch so früh am Morgen schon ganz in ihrem Element: Sie freut sich, dass es in der Familie endlich wieder eine Hochzeit zu feiern gibt und das „sündige Leben" zwischen Katarina und Martin ein Ende hat. Dabei wohnt das Paar nicht einmal zusammen. Beide leben noch in ihren Elternhäusern, so wie es in ländlicheren Gegenden Sitte ist. Jonny hingegen glaubt, dass sein Catering-Unternehmen mit Hilfe des internationalen Publikums heute seinen ersten großen Erfolg feiern wird. Er und seine Angestellten sind für die Organisation der sogenannten Vorfeier zuständig. Sie würde in vielen Ländern der westlichen Hemisphäre zu einem kollektiven Rausch inklusive dauerhafter Leberschädigung führen, doch in diesen Breiten ist es nicht mehr als ein Hinweis auf das, was auf die Hochzeitsgäste nach der Trauung zukommt. Etwa drei Stunden vor Beginn der kirchlichen Trauung besucht der Bräutigam mit einem Tross von Verwandten und Freunden das Elternhaus der Braut. Dort werden sie von der Familie der Braut in Empfang genommen, man tauscht ein paar Begrüßungsfloskeln aus und trinkt im Stehen selbstgebrannten Schnaps miteinander – nur die Männer, versteht sich. Die meisten Frauen trinken eher selten und nur maßvoll Alkohol. Im Anschluss setzen sich alle an die langen Biertischgarnituren, die im Hof, in der Garage oder auf der Terrasse aufgebaut wurden, und wenn der Letzte endlich sitzt, fangen die Frauen oder das Servicepersonal an, das Essen aufzutragen. Auch hier gibt es einen festen Ablauf, der niemals verändert wird: Bevor die Gäste überhaupt an den Tischen Platz nehmen, wurden diese bereits mit riesigen Käse- und Schinkenplatten dekoriert. Ab und an findet man ein vereinzeltes Blumengesteck oder eine Kerze als ergänzendes Dekorationselement. Der Blick auf die wesentlichen Dinge – und das sind immer das Essen und die alkoholischen Getränke – sollte bei solchen Feierlichkeiten nicht verstellt werden. Der Vorspeise folgt eine klare Fleischbrühe, die *juha*. Wenn man Glück hat, handelt es sich dabei um eine Rinder- und nicht um eine Lammbrühe. Letztere riecht oft entsetzlich, vor allem bei großer Hitze.

Spätestens, wenn alle laut schlürfend ihre Suppe genießen, trifft der Akkordeonspieler ein. Er ist ein äußerst wichtiges Mitglied der Hochzeitsgesellschaft, denn er hat es maßgeblich in der Hand, die Freude oder die Melancholie über den Weggang der Tochter heraufzubeschwören. Meistens kann es die Braut kaum erwarten, von zu Hause auszuziehen, während die Eltern und sämtliche weiblichen Verwandten laut schluchzend ihr Kind ziehen lassen müssen. Lautes Wehklagen tritt übrigens selbst dann ein, wenn das neue Zuhause der Braut nur wenige Meter von ihrem Elternhaus entfernt liegt oder wenn sie schon um die 30 Jahre alt ist und die Eheschließung sich nicht einmal mit einem westlichen Blick noch als jugendlicher Leichtsinn sehen lässt. Ein perfekt inszeniertes, dem jeweiligen Anlass angepasstes Drama gehört zu jeder guten Familienfeier.

Baka und Jonny besprechen bereits seit Tagen, wer wie und zu welchem Zeitpunkt bei der Vorfeier im Haus von Onkel Živac und Tante Mira – Katarinas Eltern – eingesetzt werden soll. Jonnys vier Angestellte bilden ein äußerst illustres Team. Da ist zunächst Bruno, genannt *Šapina* (die Klaue), weil ihm ein Granatsplitter den Mittelfinger, den Ringfinger und den kleinen Finger der rechten Hand abgetrennt hat. Meistens kümmert er sich bei diesen Festen um die Getränke. Dabei klemmt er zum Beispiel eine Bierflasche gekonnt zwischen Daumen und Zeigefinger ein und reißt den Kronkorken mit der intakten rechten Hand ab. Der Zweite im Team ist Marko. Er ist fast taub, seit eine Granate in der Nähe seines Schützengrabens detoniert ist. Da er so gut wie nichts hört, muss man immer mit heftigem Winken oder anderweitigen auffälligen Körperverrenkungen seine Aufmerksamkeit auf sich lenken. Marko arbeitet Seite an Seite mit Marina. Zwar kann sie hören, aber man selbst kann es nur mit ihr aushalten, wenn man taub ist. Marina ist 33 Jahre alt, hat zwei Kinder von zwei verschiedenen Männern, war jedoch mit keinem der beiden verheiratet. Damit ist sie eine soziale Außenseiterin, denn für Frauen gibt es nur drei Möglichkeiten, sozial akzeptiert zu werden: Eine Frau ist entweder ledig (aber kinderlos!), verheiratet (und am besten nicht kinderlos) oder verwitwet. In diesem Punkt sind sich alle ethnischen Gruppen der bosnisch-herzegowinischen Gesellschaft einig.

In der Regel versuchen Frauen wie Marina, unauffällig für sich und ihre Kinder zu sorgen, da sie bereits genug Gesprächsstoff bieten oder sogar geächtet werden. Nicht so Marina. Fremden stellt sie sich gerne in voller Lautstärke als „Marina, die Dorfschlampe" vor. Männer blafft sie häufig grundlos an, vor allem bei Hochzeitsfeiern, und manchmal sucht sie sich wahllos einen Mann aus der Menge, den sie dann vor allen Leuten für ihr Schicksal verantwortlich macht. Früher hat Marina als Krankenschwester gearbeitet, doch inzwischen ist sie ist auf dem regulären Arbeitsmarkt nicht mehr vermittelbar. Also arbeitet sie bei Jonny, der sich wiederum noch keine professionellen Arbeitskräfte leisten kann und daher auf sein ungewöhnliches Personal angewiesen ist. Zu guter Letzt gibt es noch Toni, Jonnys Freund aus Kindertagen. Tonis Aufgabengebiet habe ich nie rich-

tig verstanden. Er kann nur dann mithelfen, wenn er nicht gerade vom Kiffen völlig zugedröhnt ist. Mit seinem hohen Konsum an Haschisch ist er nicht alleine. Und auch die Verbreitung von harten Drogen bei Jugendlichen und jungen Erwachsenen in Bosnien-Herzegowina ist seit Kriegsende drastisch angestiegen. Meistens liegt es an der Arbeitslosigkeit und der fehlenden Zukunftsperspektive. Toni ist momentan in einer Phase, in der er versucht, Bierflaschen mit allen möglichen Körperteilen zu öffnen. Sein Ziel ist es, wenigsten einmal eine Bierflasche mit seinem rechten Augenlid zu öffnen. Jonny sieht es gelassen und passt seine Dienste entsprechend an: Heute wird sich Toni mit Šapina um die Getränke kümmern, während Jonny, Marina und Marko das Essen servieren und später das benutzte Geschirr abräumen. Es grenzt an ein Wunder, dass es Jonnys Team bis jetzt immer geschafft hat, feierliche Anlässe zu meistern. Vermutlich fallen sie nicht einmal besonders auf, denn zum Alltag in Bosnien-Herzegowina gehört eine große Portion Wahnsinn einfach dazu, insbesondere bei Hochzeiten, wo meistens zwischen 250 und 450 Menschen aufeinander treffen.
Heute wird es meine Aufgabe sein, den ganzen Tag an Katarinas Seite zu verbringen, denn ich werde ihre *kuma* (Trauzeugin) sein. Die Trauzeugen sind so etwas wie die Zeremonienmeister der Hochzeit und von morgens früh um sechs bis zum nächsten Morgen beschäftigt. Sie sind immer in der Nähe des Brautpaares, denn sie sorgen dafür, dass es den beiden an diesem wichtigen Tag an nichts fehlt. Sie begrüßen jeden einzelnen der Gäste, sie sammeln die Geschenke ein, überreichen sie dem Brautpaar und sind selbst sehr großzügig in ihrer eigenen Geschenkwahl, da es eine besondere Ehre ist, zur *kuma* oder zum *kum* (Trauzeuge) erwählt zu werden.

7.00 – 12.00 Uhr

Während ich den letzten Rest Tee trinke, höre ich Autoreifen in unserer Auffahrt quietschen. Es ist kurz vor halb sieben, und das können nur Katarina und ihre ältere Schwester Lana sein. Ich atme kurz durch, und genieße noch eine Sekunde die angenehme Stimmung in unserer Küche. Kurz darauf höre ich Gekreische und das Schlagen von Autotüren. Katarina kommt im Trainingsanzug und mit zerzausten Haaren in die Küche. Man sieht ihr an, dass sie letzte Nacht vor Aufregung kaum schlafen konnte. Sie begrüßt erst Baka, das gebietet der Respekt. Dann geht sie zu Onkel Bego und drückt ihm einen flüchtigen Kuss auf die Wange. Kurz darauf stürmt Lana mit ihrem fünfjährigen Sohn Niko in die Küche. Lana ist 32 Jahre alt und schon seit zehn Jahren verheiratet. Sie und ihr Mann haben sich lange ein Kind gewünscht, und als Niko endlich auf die Welt kam, waren alle außer sich vor Freude, nicht zuletzt, weil es ein Junge wurde. Damit hat Lana zumindest ihr Soll erfüllt: Wenn schon nur ein Kind, dann wenigstens ein Junge. Niko wird von allen Verwandten nach Strich und Faden verwöhnt und ist völlig verzogen. Wenn Lana versucht, ihm Grenzen zu setzen, dann sagt ihr Mann: „Ach, lass ihn doch! Gott hat uns nur dieses eine Kind geschenkt." Und wenn ihr Mann Niko etwas verbietet, nimmt Lana Niko in den Arm und wiegt ihn so lange, bis er aufhört zu weinen. „Der Kleine könnte ohne Probleme einen Krieg anzetteln", pflegt Onkel Bego zu sagen, wenn Niko zu Besuch kommt.

Als ich Niko sehe, traue ich meinen Augen nicht: Er trägt tatsächlich ein Spider-Man-Kostüm, samt Maske und Umhang. Lana hat den Kleiderkampf schon

oft gegen Niko verloren, aber so machtlos war sie noch nie. Während Niko also mit wildem Geschrei durch die Küche und den Flur springt, besprechen wir Frauen den weiteren Ablauf. Lana, Katarina und ich müssen um 7.30 Uhr bei der Friseurin erscheinen. Davor und vor dem anschließenden Termin bei der Kosmetikerin graut es mir am meisten. Wenn ich es nicht schaffe, größeres Unheil abzuwenden, werde ich heute Mittag mit einer betonartigen Hochsteckfrisur und einer dicken Make-up-Schicht samt knallblauem Lidschatten und extrabreitem Lidstrich vor die Gäste treten müssen. Hier versuchen junge Mädchen und Frauen oft älter zu wirken, was am jungen Heiratsalter liegt. Auch eine 25-jährige ledige Frau kann in einer kleineren Stadt schon als alte Jungfer gelten. Also ziehen sich die Mädchen schon früh wie etwas ältere Frauen an und versuchen, ihr wahres Alter durch übertriebenes Schminken zu übertünchen – vor allem natürlich bei Hochzeiten. Diese sind schließlich sind die beste Gelegenheit, um einen potentiellen Partner fürs restliche Leben zu treffen.
Im Friseursalon steht schon der Zigarettenqualm und die drei Friseurinnen sitzen bei frisch gebrühter *kava* auf der Couch. Die Chefin fängt sofort an, Katarinas Haare zu waschen, denn ihre Frisur wird die aufwendigste sein. Die beiden anderen kümmern sich um Lana und mich. Zwei Stunden und etliche Diskussionen über meine Wunschfrisur später sind wir endlich fertig und fahren weiter zur Kosmetikerin. Bei der Frisur konnte ich mich durchsetzen, ich werde meine Haare einfach lose zusammengesteckt tragen. Doch bei der Kosmetikerin merke ich, dass ich keine Energie mehr zum Streiten habe. Wenigstens habe ich mich vor dem angeblich letzten Schrei in ganz Bosnien-Herzegowina gerade noch retten können: Lana hat sich für diese Frisur entschieden, und

hinten reichen ihre Haare gerade noch bis zum Nacken, vorne hat sie einen fransigen Pony, dann wurde das Ganze noch zigmal durchgestuft, dazu zwei oder drei lila Strähnen eingezogen und zum Schluss alles mit viel Haarspray festgeklebt. Der letzte modische Schrei ist offensichtlich ein lilafarben-schwarzer Helm.
Die Kosmetikerin ist schweigsam und konzentriert sich nur aufs Schminken. Sie fragte sogar nach der Farbe meines Kleides, das ich tragen werde. Eine halbe Stunde später schaue ich in den Spiegel und bin sprachlos. Das Make-up ist für südosteuropäische Verhältnisse relativ dezent, kein pinkfarbener oder metallic-blauer Lidschatten weit und breit. Lana und Katarina allerdings sehen beide aus, als ob sie in einen Farbtopf gefallen wären, aber sie sind glücklich mit ihrer Verwandlung. Ich gebe der Kosmetikerin ein zusätzliches Trinkgeld und bin dankbar, dass ich heute Abend einfach nur die Trauzeugin sein darf und nicht einem Papagei oder Clown ähnlich sehe.

12.00 – 14.30 Uhr

Bei einem schnellen Essen frage ich mich, wie Katarina sich fühlen wird, wenn sie heute Abend mit ihrem zukünftigen Ehemann in den riesigen Saal einläuft, in dem ihnen 400 Gäste aus aller Herren Ländern stehend applaudieren werden. Etwa die Hälfte der Gäste wurde nicht vom Brautpaar eingeladen, sondern von den Eltern, und eingeladen werden alle, die am Leben der beiden Familien bislang in irgendeiner Weise teilhatten. Da kann es schon sein, dass auch der Elektriker eingeladen wird, der vor zehn Jahren die Leitungen im selbstgebauten Haus verlegt hat. Je mehr Leute, desto größer die Show – und desto mehr Geldgeschenke wird das Brautpaar erhalten. Das Geld soll dem Paar den Anfang in ein gemeinsames Leben erleichtern. Wenn man Glück hat und die Gäste großzügig waren, bleiben einige tausend Euro nach Bezahlung der Hochzeitsfeier übrig.

Wir fahren wieder zu Katarinas Elternhaus. Dort herrschen mittlerweile Chaos und Aufregung. Jonny und sein Team sind dabei, die letzten Vorbereitungen zu treffen, während sich Onkel Živac und Lana lautstark darüber streiten, wie man Niko zwingen könnte, sein Spider-Man-Kostüm gegen festliche Kleidung einzutauschen. Katarina und ich verdrücken uns in ihr Zimmer. Sie schließt die Tür ab und wir legen uns aufs Bett. Ich merke, wie ich langsam immer aufgeregter werde und drehe mich zu Katarina. Sie sieht verängstigt aus.

„Wie fühlst du dich an deinem großen Tag?"

Katarina atmet tief durch: „Ich habe Angst. Da werden so viele Menschen sein. Warum musste Baka unsere Verwandten aus Australien und Amerika einladen? Ich kenne sie gar nicht, und Martin erst recht nicht. Was sollen sie von uns denken? Die kriegen doch einen Schock, wenn sie all die Menschen sehen und die Umgebung!"

Ich versuche, sie zu beruhigen: „Ich denke, sie freuen sich, dass sie einen echten Anlass haben, hierherzukommen und zu sehen, dass die alten Traditionen weiterleben, auch wenn sich im Land selbst viel geändert hat. Die Familienfeiern sind wenigstens so, wie sie es kennen, wie sie waren, bevor sie ausgewandert sind."

Wir blicken schweigend an die Decke und genießen die Ruhe. Bevor die ersten Gäste kommen, helfe ich Katarina in ihr Hochzeitskleid, wir blicken beide in den Spiegel, und sie sieht wunderschön aus. Schließlich sprechen wir ein kurzes Gebet und bitten um Gottes Beistand an diesem so wichtigen Tag in ihrem Leben, dann hören wir schon lautes, nicht enden wollendes Gehupe. Martin, seine Familie und seine Freunde sind angekommen. Nach und nach stoßen Lana und einige weitere Cousinen zu uns. Wir müssen so lange im „Kinderzimmer" der Braut bleiben, bis die eintreffenden Gäste mit einem Schnaps begrüßt wurden, alle an ihren Plätzen sitzen und wenigstens ihre Vorspeise genossen haben. Nach einer knappen Stunde ist es soweit und wir hören, wie sich mehrere Stimmen zu Akkordeonmusik unserem Zimmer nähern: Martins Trauzeuge und Geschwister, Tante Mira, Onkel Živac und Jonny nähern sich, um die Braut symbolisch zu verkaufen oder kaufen. Es ist eine der vielen alten, patriarchalischen Hochzeitstraditionen, die sich seit mehreren Jahrhunderten in vielen Teilen Ex-Jugoslawiens hält. Hierbei spricht sich der Trauzeuge des Bräutigams vor der Hochzeit mit dem Bruder oder dem Cousin der Braut ab und man einigt sich auf eine Geldsumme. Vor dem Zimmer der Braut wird noch einmal symbolisch gehandelt, und das Spiel beginnt mit einer Frage vom Trauzeugen des Bräutigams: „Guten Tag, ehrenwerte Herrschaften. Ich habe gehört, hier lebe eine wunderschöne junge Frau, und ich frage mich, ob wir sie sehen könnten ..." In der Regel zückt der Trauzeuge einen 100-Mark-Schein,[2] dann wird gehandelt. Nach und nach

2 Die offizielle Währung Bosnien-Herzegowinas ist die sogenannte *konvertibilna marka* (Konvertible Mark). Sie wurde 1995 eingeführt und wurde 1:1 zur Deutschen Mark bewertet. Neben der Konvertiblen Mark (KM) ist es jedoch auch möglich, in Euro zu zahlen. In der Serbischen Republik gilt neben der KM auch die serbische Währung Dinar und in Gebieten Bosnien-Herzegowinas, die mehrheitlich von Kroaten bewohnt werden,

legt er weitere Scheine hinzu, bis sich die Brauteltern schließlich zufriedengeben und ihm den Zimmerschlüssel überreichen.

14.30 – 16.30 Uhr

Endlich hören wir den Schlüssel im Türschloss und plötzlich steht Martins Trauzeuge vor uns. Katarina hat nie erwähnt, dass er knapp zwei Meter misst und Hände hat, in die meine fünfmal passen. Er heißt Luka und sieht in der Tat umwerfend aus – wenn man athletische, schrankförmige Männer bevorzugt. Nachdem Luka und Martins Geschwister Katarina und mir gratuliert haben, gehen wir langsam, von Akkordeonmusik begleitet, zu den Gästen. Diese wissen schon, dass die Braut jede Minute eintreffen kann und stehen applaudierend und singend an den Tischen. Katarina wird wie Queen Elizabeth während einer Parade begrüßt und wir setzen uns an den Tisch, der nur für das Brautpaar und die Trauzeugen gedeckt wurde, und an dem Martin schon sehnsüchtig auf seine zukünftige Frau wartet. Bis sich alle Gäste gesetzt haben, bleiben wir hinter unseren Stühlen stehen, eine Geste des Respekts.
Von der ersten Minute an ist die Stimmung ausgezeichnet, was nicht zuletzt am Akkordeonspieler liegt. Er hat ein Gefühl für solche Feierlichkeiten. Ich sehe mich um, und erblicke Baka, die zwischen ihrem Cousin aus Australien und Ur-Opa Milan, ihrem Vater, sitzt. Alle drei haben Tränen in den Augen. Sie werden sich heute und die nächsten Tage viel zu erzählen haben. Am anderen Ende des Hofes sitzen die Verwandten aus den USA. Sie haben tatsächlich eine amerikanische Flagge mitgebracht und

---

kann man auch mit kroatischen *kuna* (Kronen) zahlen.

einer der älteren Herren trägt eine Krawatte, deren Motiv Bände spricht: Sie ist mit unzähligen kleinen Dollarnoten bedruckt. Nach der Suppe begrüße ich die australischen und amerikanischen Gäste auf Englisch. Viele von ihnen können kein Bosnisch, Serbisch oder Kroatisch mehr, weil sie nicht regelmäßig zu Besuch kommen können. Vor dem Hauptgang sprechen alle gemeinsam ein Gebet. Nach zwei Stunden ist das Essen beendet, aber es wird noch weitergefeiert und getrunken, bis es Zeit ist, sich auf den Weg zur Kirche zu machen.

16.30 – 19.45 Uhr

Mit ohrenbetäubenden Gehupe und Gekreische kommt unser langer Autokorso bei der Kirche an. Würde die Feier jetzt enden, wäre sie wohl schon lebhafter gewesen als so manche Hochzeit in Deutschland. Aber der Tag ist noch jung. In der Kirche warten weitere Gäste, und nach der Trauung gilt es, sich von jedem Einzelnen gratulieren zu lassen. Die nächste Station ist Martins Elternhaus, wo weitere Rituale vollzogen werden. Als erstes betritt die Braut das Haus und bekommt das jüngste Baby aus der Familie ihres Ehemannes überreicht. Sie küsst es und überreicht es samt einem Geschenk der Mutter des Babys. Der Brauch soll die Braut daran erinnern, dass sie sich mit Kindern nicht allzu viel Zeit lassen soll. Danach geht sie in die Küche, wo die Schwiegermutter bereits auf die Braut wartet. Sie hat ebenfalls *juha* zubereitet, und die Braut muss diese nun probieren. Man findet diese Tradition fast nur noch auf dem Land, denn in den Städten ziehen die frisch Vermählten meistens in eine eigene Wohnung oder ein eigenes Haus. Auf den Dörfern ist es jedoch nicht ungewöhnlich, dass

die Braut in das Elternhaus ihres Mannes zieht, wo sie dann mit ihren Schwiegereltern unter einem Dach wohnt. Also sollte der Braut die Suppe schmecken, denn es ist klar, dass die Schwiegermutter im Haus das Sagen haben wird.
Im Anschluss strömen alle ins Freie, denn vor dem Elternhaus des Bräutigams wartet bereits ein mit Geldmünzen gespickter Apfel auf das Brautpaar. Es soll ihnen Glück und Wohlstand bringen, wenn es der Braut gelingt, ihn über das Hausdach zu werfen. Nachdem Katarina mit dem Apfel einen der Gartenzwerge des ungeliebten Nachbarn geköpft hat und ihr Leichtathletik-Talent mit zwei weiteren Gläsern Sekt begossen wurde, bewegt sich unser Korso endlich zum Hochzeitssaal, wo die eigentliche Hochzeitsfeier stattfindet.

19.45 – 21.00 Uhr

Ich bin schon völlig erledigt und würde am liebsten schlafen. Meine Füße sind taub und schmerzen, auch mein Vorhaben, lässig wie Carrie aus *Sex and the City* den ganzen Tag auf Stöckelschuhen zu tänzeln, lässt sich leider nicht mehr in die Tat umsetzen. Nicht seit dem ersten Tanz vor Katarinas Haus, als mich der Trauzeuge zur Belustigung aller wie einen Kreisel herumgewirbelt hat. Meine Haare sehen aus, als ob ich rückwärts durch einen Busch gegangen wäre, sodass Lana sich einen bissigen Kommentar nicht verkneifen kann: „Hättest du dir einen Hochsteckfrisur mit viel Haarspray machen lassen, würdest du jetzt nicht wie ein Monchichi aussehen."
Gemeinsam mit Luka und dem Brautpaar muss ich abgekämpft die nach und nach eintreffenden Gäste am Eingang des Saals begrüßen. Bis das Brautpaar

gemeinsam mit uns Trauzeugen unter großem Jubel in den Saal einzieht, habe ich unzählige Wangen geküsst. Wieder sitzen wir vier an einem eigenen Tisch, der bei Hochzeiten meistens auf einem kleinen Podest steht. So kann man alles überblicken und steht gleichzeitig im Zentrum des Geschehens, doch ich persönlich fühle mich eher wie die Rednerin bei einer Podiumsdiskussion oder auf der Bühne eines SED-Parteitags. Ich verkneife mir die Bemerkung darüber und bin nur froh, endlich sitzen und meine Füße ruhen lassen zu können. Ich habe mich jedoch zu früh gefreut, denn kurz darauf, bevor überhaupt der erste Gang serviert wird, folgt ein Tischgebet und das kollektive Einstimmen in die Nationalhymne. Ich stehe zwar wie alle anderen auf, singe aber nicht mit und setze auch nicht wie viele meiner Verwandten einen emotional-patriotischen Gesichtsausdruck auf. Damit bin ich nicht alleine: Meine Cousins aus den USA kennen den Text der Hymne nicht und schweigen ebenfalls, wenn auch ohne Absicht. Baka wirft mir einen strafenden Blick zu, während sie die letzten Zeilen schmettert, doch der könnte auch meiner Frisur gelten und nicht meinem Boykott.

21.00 – 00.00 Uhr

Kaum haben wir den ersten Gang hinuntergeschlungen, geht es weiter im Programm. Das Brautpaar eröffnet die Tanzfläche mit dem traditionellen ersten Tanz, danach folgen die Trauzeugen. Ich lasse mich von Luka über das Parkett schieben und versuche, mir nicht die Füße zerquetschen zu lassen. Luka wiederum ist ganz Gentleman, er hebt mich einfach ein Stück vom Boden und dreht sich um sich selbst, nur um mir nicht auf die Füße zu treten. Beim Ausklang des Liedes stürzt meine Familie nahezu vollständig auf die Tanzfläche und zieht auch diejenigen, die noch Suppe in ihren Tellern haben, von den Stühlen hoch. Ein paar Sekunden später kocht der Saal und Junge wie Alte bewegen sich zum Rhythmus der Musik. Es ist ein schönes und seltenes Gefühl etwas wirklich mit allen gemeinsam zu machen: Gemeinsam zu singen und zu tanzen, ein Fest zu feiern. Kinder und Großeltern sind bei allen Feiern dabei, und niemand empfindet diese Tatsache als störend. Die zahlreichen Rituale verbinden die Generationen, so auch bei dieser Hochzeit. Sie werden weitergegeben und sind etwas, über das sich alle miteinander verständigen. Bei solch großen Festen weiß jeder, welche Pflichten zu übernehmen sind und auf welche Weise sie erfüllt werden müssen. Und nach den Pflichten bricht eine gemeinsame Freude darüber aus, dass es gelungen ist, ein so großes Unterfangen wie eine Hochzeit zu meistern.

Ich sehe meine Großmutter und ihren Cousin aus Australien. Sie tanzen mit etwa 80 weiteren Gästen *kolo*, ein Kreistanz, der an Sirtaki erinnert, nur dass man sich hierbei an den Händen und nicht an den Schultern hält. Sie sehen glücklich aus und ich wünsche mir, dass ich auch noch so fidel im Kreis hüpfen kann, wenn ich weit über siebzig Jahre alt bin.

Die weiteren Gänge des Menüs sind – ob man es glaubt oder nicht – fast zur Nebensache geworden. Eine Hochzeit ist wahrscheinlich eine der wenigen familiären Großveranstaltungen, bei der das Essen nicht alle Aufmerksamkeit der Gäste auf sich zieht. Priorität haben hier das Trinken, das wilde Tanzen der Männer und das würdevolle Tanzen der Frauen – und möglichst laute Freudenschreie und Unterhaltungen jeder Art. Laut muss es sein, denn sonst ist es

kein ordentliches Fest.
Um kurz vor Mitternacht setzen sich alle Gäste auf ihre Plätze, denn dann ist es Zeit für *jabuka*. „Jabuka" heißt Apfel, und das Ritual gilt wie so oft dem Geldsegen, der sich über das Brautpaar ergießen soll. Dabei gehen Luka, der ein Silbertablett mit einem Apfel in der Hand hält, und ich von Tisch zu Tisch und sammeln die Geldgeschenke ein. Jeder Gast legt ein Kuvert gefüllt mit Geldscheinen auf das Silbertablett und ich packe die Umschläge in eine Tasche. Wenn alle eingesammelt sind, überreiche ich der Braut die Tasche, die sie wiederum symbolisch an ihre Schwiegermutter übergibt. Doch das ist nur noch ein Überrest der alten Traditionen, der kaum mehr praktiziert wird, da frisch Vermählte ihre Finanzen selbst regeln.
Kurz darauf wird eine siebenstöckige, herzförmige und mit Wunderkerzen bestückte Buttercreme-Sahne-Torte unter lauter Musik und noch lauterem Geklatsche und Gejohle in den Festsaal gerollt. Wir stehen zu viert vor allen Gästen und bereiten uns in Gedanken schon auf unsere nächste Aufgabe vor, die meinen persönlichen Höhepunkt jeder Hochzeit darstellt: Während die Band vier Mal hintereinander ein kurzes Trinklied spielt, müssen die Braut, der Bräutigam, die Trauzeugin und der Trauzeuge nacheinander jeweils ein Glas Champagner auf einmal austrinken und das leere Glas anschließend unter lautem Jubel und Anfeuerungsrufen auf den Boden werfen. Die Scherben sollen dem Brautpaar in einer hoffentlich lange währenden Ehe Glück bringen.
Die Gläser in einem Zug zu leeren, bewirkt fast zwangsläufig, dass ich meine schmerzenden Füße für einen Moment vergesse und mich gleichzeitig angesichts des bevorstehenden Brautstraußwerfens entspanne. Wenn die Braut den Strauß in die Luft wirft,

steht den unverheirateten jungen und nicht mehr ganz so jungen Frauen ein regelrechter Spießrutenlauf bevor. Um der Beobachtung der riesigen Hochzeitsgesellschaft zu entgehen, verstecke ich mich üblicherweise im Bad. Doch dieses Mal kann ich mich dem Horror nicht entziehen, weil die Abwesenheit der unverheirateten Trauzeugin sicherlich auffiele. Unwillig bewege ich mich auf die Tanzfläche, wo sich bereits eine große Gruppe übermotivierter lediger Frauen versammelt hat. Bevor sie uns den Rücken zuwendet, zwinkert Katarina mir zu und zeigt mir an, dass ich mich an den rechten Rand der Gruppe stellen solle. Zum Glück hält sie ihr Wort: Der Strauß fliegt in einem hohem Bogen auf die gegenüberliegende Seite, direkt in die Hände von Cousine Ana. Die bricht vor Freude in hysterisches Gekreische aus und hüpft wie besessen auf und ab, den Strauß über ihren Kopf haltend. Ich schlendere langsam zum Tisch zurück, vorbei an meiner Großmutter, die es nicht lassen kann, mich leise anzuzischen: „Wenn du so weiter machst, stehst du in ein paar Jahren wirklich alleine auf der Tanzfläche, weil du zum Heiraten zu alt bist. Ich könnte dir den Enkel von Matija, dem Elektriker, vorstellen. Er sieht gut aus und ist ganz gescheit, er arbeitet in der Bank …"

00.00 Uhr – 07.00 Uhr

Irgendwann schließe ich mich der tanzenden Menge auf der Tanzfläche an und falle in den kollektiven Gesang und Tanz bis in die frühen Morgenstunden ein. Neben mir tanzt ein attraktiver dunkelhaariger Mann meines Alters mit klaren grünen Augen. Er fällt mir auf, weil er einer der wenigen ist, die ihr Hemd nicht bis zum Bauchnabel aufgeknöpft tragen.

Stattdessen trägt er eine geschmackvolle Krawatte, eine Seltenheit in diesen Breiten, wo es oft am nötigen Kleingeld für elegante Kleidung fehlt. Er könnte einer der typischen *dijasporci* sein, ein Bosnier oder Herzegowiner der im Ausland lebt und nur während der Sommermonate in die Heimat reist, wo er seinen Besitz zur Schau stellt. Oder er ist ein *mafijaš*, einer, der durch kriminelle Machenschaften zu Reichtum gekommen ist. Vielleicht arbeitet er auch in einer Bank und hat einfach seinen Anzug angezogen, den er sonst dort trägt. Aber das ist mir jetzt egal. Ich lächle, als er merkt, dass ich ihn ansehe, lasse mich treiben und von der Menge mitreißen.

Es gibt Tage

Es gibt Tage, an denen ich fest davon überzeugt bin, keinen weiteren Tag in Bosnien-Herzegowina zu überstehen, ohne den Verstand zu verlieren.
Wenn ich morgens um sieben Uhr aufstehe, in die Küche gehe, der Fernseher schon seit mindestens einer Stunde läuft und ich vor lauter Zigarettenqualm nichts sehen kann, weil Onkel Bego und mein Cousin Jonny jeweils eine halbe Schachtel Zigaretten zum Frühstück geraucht haben, wie so viele ihrer männlichen Landsleute.
Wenn meine Großmutter zur selben Zeit sämtliche vorbeigehende Nachbarn ins Haus bittet und sie mit Mokka und selbstgebranntem Traubenschnaps bewirtet, denn sie ist zu dem Zeitpunkt schon zwei Stunden lang auf den Beinen und sehnt sich nach Gesprächen und Dorftratsch in voller Lautstärke. Nur wer wirklich laut und ausdauernd spricht, hat auf dem Balkan eine Chance, gehört zu werden. Und wer am lautesten schreit, hat recht.
Wenn ich Baka jeden Morgen aufs Neue erklären muss, dass ich keinen türkischen Kaffee à la Bosnia trinken kann, ohne danach qualvoll an Sodbrennen oder einem Herzinfarkt zu sterben, und deshalb Kräutertee bevorzuge.
Wenn mich die morgendlichen Besucher meiner Großmutter dabei anschauen, als müssten sie gleich einen Exorzisten alarmieren.
Wenn ich nach meinem Morgentee in den Garten gehe, um mit Yoga-Übungen den Tag zu beginnen, und unser Nachbar Nino mir droht, den Dorfpfarrer darüber in Kenntnis zu setzen, dass ich es wage, durch Yoga „unseren Gott" zu verleugnen und stattdessen Buddha anbete. In Ninos Augen ein klarer Verstoß gegen das zweite Gebot.

Wenn ich mich in mein Auto setze, um in die Stadt zu fahren und nach etwa 100 Metern im ersten Schlagloch hängen bleibe, weil viele Straßen 14 Jahre nach Kriegsende immer noch die Spuren von Granateinschlägen tragen.
Wenn ich auf dem Weg in die Stadt am Straßenrand defekte Kühlschränke und Backöfen, Autowracks und zahllose aufgerissene Mülltüten sehe, um die sich herrenlose Hunde scharen.
Wenn ich in der Stadt ankomme und trotz grüner Ampel an jeder Kreuzung warten muss, weil das größere und stärkere Auto stets Vorfahrt hat und ich einen Fiat Panda fahre.
Wenn ich in einer kommunalen Behörde Formalitäten zu erledigen habe, und stundenlang Schlange stehen muss, während das Thermometer um neun Uhr morgens bereits 35 Grad Celsius anzeigt.
Wenn die Sachbearbeiter der Behörde sich dabei ausführlich ihrer Kaffee- und Zigarettenpause widmen und mit einer unverwechselbaren inneren Ruhe die immer länger werdende Menschenschlange ignorieren.
Wenn es zwei Stunden später noch ein paar Grad wärmer ist, nahezu alle Wartenden vor und hinter mir rauchen, und die Männer ihre Hemden so weit aufknöpfen, dass sie auf ihrer Brustbehaarung eine Parade Goldketten mit übergroßen Christus- oder Halbmondanhängern vorführen.
Wenn ich eine weitere Stunde später endlich an die Reihe komme, nur um zu bemerken, dass die beste Freundin meiner Cousine für meine Formulare zuständig ist, und sie mich mit den Worten begrüßt: „Wieso hast du mir nicht gesagt, dass du hier bist? Du hättest doch nicht in der Hitze warten müssen."
Wenn ich nach drei Stunden Warten und einer zehnminütigen Bearbeitungszeit verschwinden muss, weil

ich das Gebäude sonst nicht verlassen könnte, ohne von den mit Gold behängten, nach Schweiß riechenden, übergewichtigen, in der Schlange wartenden Männern angemacht zu werden.
Wenn ich in meinem Auto ohne Klimaanlage bei mittlerweile 40 Grad Celsius wieder nach Hause fahre und kurz vor dem Ziel von zwei Polizisten wegen angeblicher Geschwindigkeitsüberschreitung auf den Seitenstreifen gewunken werde.
Wenn mich die beiden Ordnungshüter – in den meisten Kantonen Bosnien-Herzegowinas besteht eine Polizeistreife aus je einem bosniakischen und einem kroatischen Polizisten – ausführlich in der prallen Mittagssonne über meinen Verkehrsverstoß aufklären, ohne ein Radargerät zu besitzen, dessen Aufzeichnung ihn belegen könnte und zwanzig Euro in bar verlangen (für jeden zehn Euro), damit ich weiterfahren kann.
Wenn ich, ohne mit der Wimper zu zucken, Bußgeld für ein nicht begangenes Vergehen bezahle – denn, wenn ich protestiere, wird es (in Zehnerschritten) teurer und eine schriftliche Beschwerde erreicht nur den ebenso korrupten Vorgesetzten der beiden Polizisten.
Wenn ich die letzten 800 Meter nach Hause fahre und mir vorstelle, wie stolz Tito wäre, dass der Sozialismus in vielen Bereichen des gesellschaftlichen und politischen Lebens solch eine lange Haltbarkeitsdauer vorweisen kann.
Wenn ich bei einer Außentemperatur von 41,5 Grad Celsius zu Hause ankomme und Baka ein ganz besonders leichtes, sommerliches Mittagessen zubereitet hat: Gekochte Innereien mit in Öl schwimmenden Backkartoffeln und Tomaten.
Wenn ich einen weiteren Streit mit ihr provoziere, indem ich wort- und appetitlos in mein Zimmer gehe,

meinen Deckenventilator auf die höchste Stufe stelle und versuche, das Bild der gekochten Innereien zu verdrängen, während ich regungslos auf meinem Bett liege und bete, dem Hitzetod von der Schippe zu springen.
Wenn ich zwei Stunden später wieder aufstehe, aus dem Fenster schaue und bemerke, dass der Berg hinter unserem Haus aufgrund der anhaltenden Hitze brennt.
Wenn ich mich frage, wie wahrscheinlich es ist, dass das Feuer bis in unser Dorf vordringt, berücksichtigt man, dass es in ganz Bosnien-Herzegowina nur einen Löschhubschrauber gibt, der jedoch im Nachbarstaat Kroatien im Einsatz ist, um die Touristen vor einem anderen Flammenmeer zu bewahren.
Wenn ich gemeinsam mit meiner Großmutter und Cousin Jonny am späten Nachmittag in die Berge zu Onkel Živac' Wochenendhaus fahre, um dort mit dem Rest meiner Sippe ein großes Fest zu Ehren von Gottesmutter Maria vorzubereiten, was konkret bedeutet, dass ich stundenlang in der Küche stehe, koche und putze.
Wenn ich um 23 Uhr verschwitzt und erschöpft mit Baka und Jonny wieder nach Hause fahre (nicht ohne von Oma angefleht zu werden, mir die mittlerweile lederartigen Innereien als Mitternachtssnack zu genehmigen), mit dem Wissen, am nächsten Tag um sieben Uhr aufzustehen, wieder zu Onkel Živac' Wochenendhaus zu fahren und den ganzen Tag bis spät in die Nacht ungefähr 180 Gäste bedienen zu müssen.
Wenn ich am folgenden Tag bei rekordverdächtigen 43 Grad ohne einzige Pause die Gäste an den Biertischen mit Suppe, Lamm- bzw. Schweinefleisch, Backkartoffeln, Salat, rohen Zwiebelringen und natürlich Innereien versorge, bis meine Füße und Bei-

ne die Gestalt von Elefantenbeinen haben und jede Sekunde einer der zahlreichen übergewichtigen Gäste einfach das Bewusstsein verlieren müsste. Jeder durchschnittliche Bewohner des Balkans hätte sich bei solchen Temperaturen bereits nach der Vorspeise und den ersten zwei Gläsern selbstgebranntem Traubenschnaps einzeln von seinen inneren Organen verabschieden müssen.

Wenn ich von betrunkenen männlichen Gästen eindeutig zweideutige Angebote bekomme und ihnen am liebsten den Mund mit den besagten Innereien stopfen würde.

Wenn der eigens einbestellte Akkordeonspieler zu betrunken zum Spielen und Singen ist, und stattdessen mein zahn- und haarloser Onkel Edo die Gelegenheit ergreift, die Gäste mit bosnischen, serbischen und kroatischen Schlager-Hits der 1960er Jahre zu traktieren.

Wenn ich Onkel Živac anblicke, der glückselig in einem ehemals weißen, mit Flecken übersäten Feinrippunterhemd am eigens gemauerten Grillplatz steht und sich ganz auf das Lamm am Spieß vor ihm konzentriert. Als heutiger Gastgeber wird er später den Lammkopf serviert bekommen. Ob man es glaubt oder nicht: Es ist eine Ehre.

Wenn fast alle Gäste – betrunken oder nicht – in Edos schiefen Gesang einstimmen, bei den traurigen Liedern die Arme theatralisch in den Himmel strecken und ich in diesem Moment glaube, die tiefe Trauer eines von so vielen Kriegen heimgesuchten Landes zu spüren.

Wenn die Spannung in dieser Stimmung nahezu unerträglich wird, weil alle Anwesenden Angehörige, Freunde oder Nachbarn im letzten Krieg verloren haben und wissen, dass keiner von ihnen darüber jemals ganz hinwegkommen wird.

Wenn ich trotz aller Traurigkeit nicht genug von dieser Stimmung und dem Ausblick auf die karge, steinige Berglandschaft um uns herum bekommen kann.
Wenn ich nachts um drei Uhr erschöpft zu Hause ankomme, und Baka immer noch die Kraft besitzt, mir in hysterischem Tonfall vorzuwerfen, ich hasste sie, weil ich morgens keinen Mokka trinken und nicht einmal ihr liebevoll zubereitetes Mittagessen kosten würde.
Wenn ich mich in meinem Zimmer auf die Fensterbank setze, mir einen eiskalten Gin Tonic genehmige, auf den noch immer in Flammen stehenden Berg hinter unserem Haus blicke, während aus Jonnys Zimmer „Home" von den Foo Fighters herüberklingt:

„Wish I were with you.
I couldn't stay.
Every direction
leads me away.
Pray for tomorrow.
But for today all I want is to be home."

Dann glaube ich, dass es Tage gibt, an denen mit Geduld und Würde, trotz aller Unzulänglichkeiten, in einem geschundenen Land wie Bosnien-Herzegowina alles möglich ist.

Wo liegt eigentlich Dayton?

„Sieh dir das an! Soll das etwa gerecht sein? Was haben sich die Amerikaner nur wieder dabei gedacht?! Die kommen hierher, verändern alles und behaupten auch noch, es wäre nur zu unserem Besten."

Wutentbrannt hält mir Onkel Andrija, genannt *Živac* (Nerv) – weil er es wie kein Zweiter versteht, einem in allen Lebenslagen den letzten Nerv zu rauben – ein völlig zerknülltes Blatt Papier hin. Seine Haare sind zerzaust, sein Hemd hängt aus der Hose und selbst seine geliebte, viel zu große Brille, die sonst stets auf Hochglanz poliert ist, hat Fettflecken auf den Gläsern und sitzt schief auf der Nase. Ich kann mir bei diesem Anblick ein Grinsen nicht verkneifen.

„Was ist denn mit dir passiert? Haben die Amerikaner wieder Flugblätter zur ‚Demokratisierung des Balkans' in der Stadt verteilt?"

Er scheint meine sarkastische Bemerkung zu überhören oder vielleicht ist sie ihm überhaupt nicht als solche aufgefallen. Man könnte meinen, in einer vom Krieg gezeichneten Gesellschaft sei genug Raum für Sarkasmus, doch weit gefehlt.

Seine Augen glänzen immer noch vor Zorn.

„Ich möchte, dass du mir erklärst, was das hier soll. Du kennst dieses Volk, du hast lange genug mit Amerikanern zusammengelebt. Du sprichst ihre Sprache und du hast an ihren Universitäten studiert. Vielleicht kannst du mir erklären, wie ich diesen Wisch zu verstehen habe!"

Ein Jahr als Austauschstudentin an der University of Hawaii in Honolulu hat mir den Status einer USA-Expertin auf Lebenszeit für alle Familienmitglieder inklusive der gesamten Dorfgemeinschaft verliehen. Ich bringe es bis heute nicht übers Herz, ihnen zu er-

läutern, dass man nicht an der University of Hawaii studiert, um mehr über amerikanische Geschichte, Politik und Kultur zu erfahren, sondern um zu surfen und möglichst viel Zeit am Strand zu verbringen, gerne auch mit einem Joint.
Ich werfe einen Blick auf den Zettel, den er mir immer noch entgegenhält. Es ist offensichtlich eine Liste mit Namen.
„Das siehst du doch selbst. Es ist eine Namensliste."
„Sieh mal genauer hin. Fällt dir bei den Namen etwas auf?"
Ich weiß, worauf er hinaus will. Es würde wieder eine dieser Diskussionen werden, in denen er mir das Ausmaß der Ungerechtigkeit, die seiner Meinung nach den Kroaten in dieser Stadt Tag für Tag widerfährt, erklärt. Er würde mir mal wieder den letzten Nerv rauben, soviel war klar.
„Natürlich habe ich bemerkt, dass es ausschließlich bosniakische Namen sind. Aber worauf willst du hinaus? Und was hat das mit den Amerikanern zu tun?"
Ich weiß, dass der Begriff „Amerikaner" bei ihm generell für Staatsangehörige westlicher Staaten steht, also auch Mittel- und Westeuropäer. Einzige positive Ausnahme sind für ihn – wie für viele seiner Landsleute – die Deutschen. Vor Ausbruch des Bürgerkrieges in den 1990er Jahren war die Bundesrepublik Deutschland einer der ersten Staaten, der die Unabhängigkeit Kroatiens von Jugoslawien anerkannte.
Ich setze mich auf das Sofa und versuche, es mir bequem zu machen. Wenn er erst einmal in Fahrt kommt, kann es ein langer Abend werden.
Er reißt mir das Blatt aus der Hand und knallt es auf den Tisch.
„Erinnerst du dich, dass die Amerikaner ein Projekt im öffentlichen Transportwesen ausgeschrieben hat-

ten? Man wollte das Bussystem wieder in Stand setzen und dazu suchte man natürlich Busfahrer."
„Ich weiß nicht, ob es tatsächlich ein amerikanisches Projekt war oder ..."
„Das spielt doch überhaupt keine Rolle! Die hängen überall drin! Jedenfalls sollte dieses Projekt, wie so viele andere, der Zusammenführung der kroatischen und der bosniakischen Bevölkerung dienen. Laut öffentlicher Ausschreibung sollten 20 freie Stellen besetzt werden, und zwar genau mit zehn Kroaten und zehn Bosniaken, wenn sie eine entsprechende Qualifikation vorweisen können."
Ich ahne, worauf er hinauswill, nehme noch einmal den Zettel in die Hand und lese mir die 20 aufgeführten Namen durch. Ich blicke auf und sehe, dass er vor Wut kocht.
„Und jetzt frage ich dich, seit wann gibt es kroatische Namen wie Hasan oder Faruk? Sie haben keinen Einzigen von uns eingestellt. Keinen Einzigen, und das bei 20 freien Arbeitsstellen!"
Ich schaue ihn wortlos an. Es hat keinen Sinn, darauf etwas zu erwidern. Es ist wieder einer der alltäglichen Rückschläge, die für ihn nur schwer zu verkraften sind. Alles ist schwer zu verkraften, seit das volle Ausmaß des Krieges offenbar wurde. Selbst der Alltag und die langsam wieder einkehrende Normalität sind an manchen Tagen kaum zu ertragen. Es fehlt immer noch an Vielem und vor allem fehlen viele Angehörige und Freunde, die entweder getötet worden sind oder nun als „geduldete Flüchtlinge" im Ausland leben. Dieser Mangel macht sich in nahezu jedem Gespräch und in jeder Lebenssituation bemerkbar.
„Wollen die mir etwa sagen, dass kein einziger kroatischer Busfahrer qualifiziert genug ist, eingestellt zu werden? Selbst wenn er bereits vor dem Krieg diese Tätigkeit ausgeübt hat? Gott im Himmel, ich war 20

Jahre lang Busfahrer, ich kenne jede Straße und jede Gasse dieser Stadt und jetzt wollen die mir sagen, dass ein zugezogener muslimischer Flüchtling, der aus irgendeinem bosnischen Dorf während des Bürgerkrieges hierher kam, diese Arbeit besser machen kann als ich? Das kann doch nicht wahr sein!"
Seine Wut weicht langsam einem Ausdruck von Verzweiflung. Er sitzt nun neben mir auf der Couch und sieht mir direkt in die Augen. Ich versuche, seinem Blick auszuweichen. Ich weiß nicht, ob es wirklich so ist, wie er es beschreibt. Er erhält immerhin eine beachtliche Invalidenrente vom kroatischen Staat, weil er im Krieg verletzt wurde. Seine Familie ist soweit finanziell versorgt, was nicht für alle Familien ehemaliger Soldaten gilt. Viele Veteranen erhalten keine oder nur eine geringe Invalidenrente. Sie sind darauf angewiesen, trotz physischer Einschränkungen eine Anstellung zu finden, doch dies ist nahezu unmöglich ohne persönliche Beziehungen. Die Arbeitslosenquote in Bosnien-Herzegowina ist erschreckend hoch, sie liegt bei etwa 50 Prozent, und bei den unter 30-Jährigen ist sie besonders alarmierend. Und warum wundert sich eigentlich niemand über die Tatsache, dass nur Männer eingestellt werden? Gibt es in dieser Stadt keine einzige weibliche Busfahrerin? Gehen die Frauen hier lieber putzen, als einen Bus zu lenken? Bevorzugen sie es wirklich alle, den ganzen Tag mit Hausarbeit und Kindererziehung zu verbringen?
„Hörst du mir überhaupt noch zu? Du sollst mir erklären, welche absurde Form von Gerechtigkeit das ist!"
Ich muss nun vorsichtig sein in meiner Wortwahl. Die Zweifel am Wahrheitsgehalt seiner Ausführungen dürfen nicht zu laut werden. Wir sind ja schließlich eine Familie und eine Familie muss stets zusammenhalten, ganz gleich wie wenig Anlass es dazu gibt. Eine alte bosnisch-kroatisch-serbische Weisheit.

„Bist du dir sicher, dass die Ausschreibung nicht nur für den muslimischen Stadtteil galt? Oder gab es vielleicht eine Altersbeschränkung? Könnte das der Grund sein, warum sie dich nicht eingestellt haben?"

„Natürlich bin ich mir sicher! Ich sage dir jetzt mal was: Sie haben mal wieder *die da drüben* auf der anderen Seite vorgezogen. Die Muslime haben es ein weiteres Mal geschafft, sich als die armen Opfer darzustellen. Und die Amerikaner glauben das. Nicht nur, dass die muslimische Hälfte der Stadt besser aussieht, weil viele Spenden in die Restauration der Altstadt fließen, die sich nun mal auf deren Seite befindet. Jetzt bekommen sie auch noch die Arbeitsplätze, die uns zustehen." Er zieht sein kariertes Stofftaschentuch aus der Hosentasche und wischt sich damit den Schweiß von der Stirn. Er schwitzt schnell und viel, wenn er über emotionale Themen diskutiert.

Es geht also nicht nur um den Arbeitsplatz. Es geht wie so oft darum, andere für die eigene Misere verantwortlich zu machen. Die Bosniaken sind schuld, weil sie in den Augen der Kroaten opportunistisch sind, und Kooperationsbereitschaft mit den internationalen Organisationen und Helfern zeigen und diese auch bereitwillig umsetzen. Und die Amerikaner sind die ignoranten Imperialisten, die dem Rest der Welt ihren Willen aufzwingen wollen.

„Du musst zugeben, dass es in vielen anderen Projekten zu keiner Zusammenarbeit kam, weil es die Kroaten waren, die sich weigerten, mit den Bosniaken zu kooperieren. Und was ist mit dir? Würdest du allen Ernstes Busfahrer im muslimischen Stadtteil sein wollen? Deine einstigen Feinde durch die Gegend kutschieren, in einem Bus, in dem sicherlich kaum jemand von deinen Leuten sitzt? Wie würde dir das denn gefallen?"

Er überhört meinen Einwand und setzt zum Widerspruch an, dieses Mal bedeutend lauter. „Aber wissen die Amerikaner auch, dass vor dem Krieg kaum eine Muslimin hier ein Kopftuch trug? Und jetzt? Jetzt sehe ich überall Frauen mit Kopftüchern. Und weißt du, warum sie eins tragen? Weil sie dafür bezahlt werden! Richtig! Sie bekommen einen bestimmten monatlichen Betrag, wenn sie sich verhüllen. Und woher kommt das Geld? Aus den arabischen Staaten, die seit dem Krieg gehörigen Einfluss auf Bosnien-Herzegowina ausüben!"
Auf dieses Argument gibt es nichts zu erwidern, da man es weder belegen noch widerlegen kann. Auch die Tatsache, dass es bei der Diskussion nicht mehr ausschließlich um die Stellenausschreibung geht, ist normal. Bei jeder Unterhaltung geht es früher oder später immer darum, wie sehr die andere Seite bevorzugt und die eigene benachteiligt wird.
Wieder holt Onkel Živac sein Taschentuch aus der Hosentasche, um sich den Schweiß im Gesicht abzuwischen.
„Und weißt du, was das Absurdeste an dem Ganzen ist? Die Amerikaner kommen hierher, hofieren die Muslime und sagen uns, dass wir wieder zusammenleben sollen. Als ob nichts gewesen wäre. Und dabei führen sie selbst Krieg gegen Afghanistan und gegen den Irak, weil ihnen ein paar Irre ins World Trade Center gerast sind. Da sind etwa 2000 Menschen ums Leben gekommen. Das ist eine Tragödie, doch wissen die überhaupt, wie viele Kroaten von Serben und Muslimen umgebracht und massakriert worden sind? Sicher mehr als 2000. Unser Land liegt in einigen Gegenden immer noch in Schutt und Asche, und wir sollen uns jetzt wieder die Hände reichen? Auf welchem Planeten leben die eigentlich? Warum gelten für Amerikaner

immer andere Regeln und Gesetze als für den Rest der Welt?"
Es drängt sich die Frage nach den Verlusten auf der Gegenseite, der serbischen und bosniakischen Seite, auf. Sicherlich waren es ebenfalls mehr als 2000 Tote. Aber diese Frage ist in solch emotionalen Momenten unangebracht, denn es zählt nur das eigene Schicksal, und selbst das ist kaum zu ertragen. Stattdessen wird vieles, was im Krieg geschehen ist, verschwiegen, tabuisiert. So soll eine Normalität erzwungen werden, die an den entscheidenden Stellen durch Schweigen gekennzeichnet ist.
Es gilt nun, dem Gespräch eine Wendung zu verleihen. Ich will mir nicht ein weiteres Mal seine Tiraden über die Ungerechtigkeiten der Amerikaner anhören müssen. Ich weiß auch, dass er nur teilweise an meiner Meinung interessiert ist. Nämlich nur an dem Teil, der sich in sein bereits vorgefertigtes Bild einfügt.
Ich starte einen halbherzigen Versuch: „Aber meinst du nicht, dass der Einsatz internationaler Truppen auch viel Gutes bewirkt hat? Zum Beispiel ist die Stadt nun entmilitarisiert. Das ist ein großer Erfolg. Die Zeiten sind vorbei, in denen jeder potentiell die Möglichkeit hat, überall ein Blutbad anzurichten. Du weißt, dass das in den Monaten nach Kriegsende ein großes Problem war. Oder schau dir Belfast an. Da haben sich die Protestanten und Katholiken fast jeden Tag bekriegt. Im Gegensatz dazu lebt man hier relativ friedlich und sicher. Ich denke, dass das Friedensabkommen von Dayton …"[1]

1 Das Rahmenabkommen für Frieden in Bosnien-Herzegowina wurde am 21. November 1995 in Dayton/Ohio (USA) von den Präsidenten Bosnien-Herzegowinas, Kroatiens und Serbiens unterzeichnet.

Ich stocke. Er hat die Brille abgenommen und schaut mich mit ausdruckslosen Augen an. Er steht auf, geht in Richtung Tür, bleibt stehen und dreht sich plötzlich um.
„Weißt du, was ich mich schon oft gefragt habe: Wo liegt eigentlich Dayton?“
Seine Stimme ist wieder leise und beherrscht. Die Diskussion ist beendet.

Souvenirs und Sünder

Mit dem Wunder von Međugorje hatte die Dunkelheit um mich herum nicht das Geringste zu tun. Es wollte sich kein Gefühl der inneren Ruhe oder wenigstens der Vorfreude auf ein spirituelles Abenteuer einstellen. Stattdessen verspürte ich aufkeimende Angstgefühle vor der Dunkelheit und den möglichen Gefahren, die in der Nacht lauerten. Ich packte meine Taschenlampe aus, atmete tief durch und wanderte los. Ich versuchte, am Straßenrand zu bleiben, aber auch nicht zu nah an den wildwachsenden Sträuchern und Büschen, da sich dort oftmals Schlangennester befinden. Augenblicklich schossen mir Horrorvisionen von Giftschlangen und wilden Wölfen in den Kopf, auch wenn die Blindschleichen vermutlich vor mir und meiner Wallfahrtsmission mehr Angst hatten, als ich vor ihnen, und in dieser Gegend noch nie wilde Wölfe gesichtet worden waren.
Es war nicht meine erste, sollte aber meine vorerst längste Wallfahrt werden: ein ungefähr 25 Kilometer langer Fußmarsch von Mostar nach Međugorje. Međugorje war – bevor es zum Wallfahrtsort wurde – ein verhältnismäßig armes, in den Bergen der westlichen Herzegowina gelegenes Dorf. Es erlangte schlagartig über die Landesgrenzen hinausreichende Bekanntheit, als sechs Kindern aus den Dörfern Bijakovići und Međugorje am 24. Juni 1981 auf dem kleineren Berg *Podbrdo* die Gottesmutter erschien. Nach eingehender Prüfung durch den Pfarrer der örtlichen Sankt Jakobskirche sowie medizinischen und psychologischen Untersuchungen der Kinder wurden die Erscheinungen für wahr befunden. Schnell sprach sich die Nachricht herum und nach ein paar Tagen hatten sich Hunderte von Menschen vor der

Kirche versammelt. Die sozialistische Regierung der Republik Jugoslawien beobachtete diese Entwicklung misstrauisch und versuchte mithilfe der Polizei, die Menschen daran zu hindern, nach Međugorje zu pilgern. Seitens der Ordnungshüter mangelte es jedoch an Entschlossenheit und Härte, und schon bald war die Menge der Gläubigen in und vor der Kirche auf mehrere Tausend gestiegen, die am Gottesdienst teilnehmen, die Beichte ablegen oder einfach nur einen Blick auf das Geschehen und die jungen Seher werfen wollten.

Als ich meiner Großmutter mein spirituelles Vorhaben eröffnete, erwiderte sie in ihrer gewohnt lapidaren Art: „Eine einzige Wallfahrt wird nicht ausreichen, um dein sündiges Leben in Ordnung zu bringen. Gott sieht alles. Und entgegen allen Behauptungen verzeiht er *nicht* alles." Letzteres war eine Anspielung auf meinen Entschluss, nach dem Vordiplom mein Studium in den USA zu beenden und dort in einem überkonfessionellen Wohnheim auf dem Campus zu leben, das nicht nach Geschlechtern getrennt war. Allein die Tatsache, dass ich unverheiratet in „die weite Welt" hinauszog, mit mir nicht verwandten Männern aus verschiedenen Kulturkreisen zusammenlebte, studierte und feierte, brachte Baka an den Rand der Verzweiflung. Sie versäumte es nicht, mich alle zwei Wochen anzurufen, und mir unter lautem Wehklagen die Qualen der Hölle zu beschreiben, die auf mich warteten, wenn ich nicht bald zurückkäme und wieder bei meinen Eltern oder bei ihr einzöge. Laut meiner Großmutter waren mein Glauben und meine Jungfräulichkeit, die wenigstens bis zur Hochzeit währen sollte, in diesem „gottlosen Land" permanent in Gefahr und das war Grund genug zur Panik und nahezu täglichen Gebeten zur heiligen Mutter Gottes. Als ich nach meinem Studienabschluss Baka in Bosnien-Herzegowina besuchte und sie zum ersten Mal Fotos meines Campuslebens betrachtete, zeigte sie sich fassungslos angesichts der Tatsache, dass ich mich mit meinen protestantischen Mitbewohnern („Protestantismus ist keine Religion. Das sind nur Katholiken, die vom rechten Weg abgekommen sind."), den jüdischen („Wie kannst du nur mit ihnen sprechen? Sie haben Jesus umgebracht!"), muslimischen („Da dürfen auch Türken studieren?!"), buddhistischen („Kuh-Anbeter!"), orthodoxen („Sie sind wenigstens Christen, aber ich hoffe, es waren keine Serben unter ihnen!") und den ungetauften („Grundgütiger, keine Religion zu haben ist schlimmer als die falsche Religion zu haben!") Mitbewohnern einmal pro Woche zu einem Gesprächs- und Gebetskreis im Aufenthaltsraum des Wohnheimes traf. Katholiken seien die einzig wahren Christen und interreligiöse Dialoge nur etwas für Schwärmer, Hippies und Liberale – sagte Baka.

Ich hoffte, die Ankündigung meiner geplanten Wallfahrt würde sie freuen oder wenigstens milde in Bezug auf mein Leben nach dem Tod stimmen. Immerhin ist meine Großmutter die Međugorje-Pionierin meiner Familie: 1985 pilgerte sie im Hochsommer bei 41 Grad Celsius mit ihrer Schwester zum Ort der Erscheinung – und zwar barfuß. Am Abend dieses historischen Tages fuhr ich mit Onkel Živac von Mostar nach Međugorje, um meine Oma und ihre Schwester abzuholen. Normalerweise dauerte die Autofahrt in seinem klapprigen *Fićo*, wie der Fiat 500 – eines der wenigen erschwinglichen Autos im ehemaligen Jugoslawien verniedlichend genannt wurde – etwa eine Stunde, doch zahlreiche Polizeisperren erschwerten uns den Zugang zu dem entlegenen Dorf. An jeder Straßensperre wurden Onkel Živac' Aus-

weis und Führerschein von Polizisten und Beamten des jugoslawischen Staatssicherheitsdienstes *Uprava državne bezbednosti* (UDBA) überprüft und man befragte ihn ausführlich zu seiner Motivation, nach Međugorje zu fahren.
Als wir auf dem Parkplatz hinter der Sankt Jakobskirche ankamen und Baka sahen, überkam Onkel Živac einer seiner berüchtigten Tobsuchtsanfälle. Er war überzeugt, dass meine Großmutter und meine Großtante mit ihrer Wallfahrt und öffentlichen Bekundung ihres Glaubens den örtlichen Polizeibeamten einen guten Grund gegeben hatten, die ganze Familie wegen regierungskritischen Verhaltens unter verschärfte Beobachtung zu stellen oder gar ins Gefängnis zu stecken. Während Onkel Živac lautstark und mit erhobenen Armen lamentierte, dass uns allen jetzt nur noch die Emigration nach Übersee bleibe und wir gleich heute Abend – wegen der drohenden Sippenhaft – die Koffer packen müssten, schaute ich mich auf dem Kirchengelände um. Die Sonne ging langsam unter und tauchte das Gebäude in ein warmes rötliches Licht. Viele Menschen standen auf dem großen Platz hinter der Kirche und lauschten den Worten des Franziskanerpriesters, die aus dem Lautsprecher ertönten. Die meisten hielten Rosenkränze in den Händen und schlossen beim Gebet die Augen. Am Straßenrand gab es ein paar Stände, an denen Dorfbewohner kühle, selbstgemachte Zitronenlimonade und Wasser an die Pilger ausschenkten, meistens sogar umsonst. Es war eine außergewöhnliche Zeit und Međugorje war nur eines von vielen Vorzeichen, die den Umbruch und den damit einhergehenden, unaufhaltbaren Zerfall Jugoslawiens einläuteten. Die Regierungsanweisungen wurden nur vereinzelt umgesetzt. Der Auflösungsprozess des künstlich geschaffenen Staates war nunmehr unab-

wendbar. In jener Zeit glaubte ich zweifelsohne an das Wunder von Međugorje. Endlich kam unsere unbekannte, verlassene Gegend zu dem ihr schon lange zustehenden Ruhm jenseits ihrer FKK-Strände, und das mit Hilfe von ganz oben.
Damals muss das Phänomen Međugorje die Funktionäre der Kommunistischen Partei alarmiert haben. Religion und Kirche spielten im öffentlichen Leben des blockfreien sozialistischen Jugoslawiens kaum eine Rolle, auch wenn ihnen vonseiten der Regierung ein wenig liberaler begegnet wurde, als in den sowjetischen Satellitenstaaten. Heute hingegen ist Međugorje ein internationaler Wallfahrtsort mit zahllosen Souvenirshops, Ramschläden, Hotels und Pensionen und umsonst bekommt man von den Einheimischen seit einigen Jahren nichts mehr. Der Ort boomt, und das, obwohl er von der katholischen Kirche als Wallfahrtsort bislang nicht anerkannt ist. Das schmälert seine Popularität aber keineswegs. Von März bis Oktober strömen zehntausende Pilger aus aller Welt in den kleinen Ort, vor allem während des *festival mladih*, dem Festival der Jugend das jedes Jahr in der ersten Augusthälfte stattfindet. Es fällt auf, dass Međugorje eine starke Faszination auf die einheimischen und aus dem Nachbarland Kroatien stammenden Katholiken ausübt, nicht nur auf Touristen. Religiosität scheint mittlerweile für alle Generationen der bosniakischen, kroatischen und serbischen Bevölkerungsgruppen ein integraler Bestandteil des Alltaglebens zu sein und wird seit dem Zerfall des sozialistischen Staates offen und sichtbar praktiziert. Auch an den Schulen wird erstmals Religionsunterricht angeboten. Der Besuch des Unterrichts ist jedoch nicht verpflichtend, denn welche Religion gelehrt wird, richtet sich danach, welcher ethnischen Gruppe die meisten Schüler angehören:

Ist es eine mehrheitlich von Kroaten besuchte Schule, wird katholischer Religionsunterricht angeboten und so weiter.
Ich wollte dem Beispiel meiner Großmutter folgen und ebenfalls im Hochsommer pilgern, jedoch nicht tagsüber. So viel hatte ich dann doch nicht gesündigt, um diese Wanderung mit Sonnenstich und Brandblasen zu beenden. Ich beschloss, am Tag vor Mariä Himmelfahrt um Mitternacht loszugehen, sodass ich gegen sieben Uhr morgens in Međugorje ankäme und an der Morgenmesse teilnehmen könnte. Mariä Himmelfahrt ist für Katholiken in Süd- und Osteuropa einer der höchsten Feiertage und der Wallfahrtsort würde garantiert aus allen Nähten platzen. Ich dachte, nach siebenstündiger Wanderung in stillem Gebet täte mir ein solches ein Spektakel gut. Nachdem ich zwei Flaschen Wasser, Kekse, einen Pullover, eine Taschenlampe, mein Mobiltelefon und ein Buch in meinen Rucksack und einen Rosenkranz in meine Hosentasche gepackt hatte, fuhr mich mein Cousin Jonny nach Mostar in den Stadtteil Balinovac. In Balinovac beginnt die einzige Straße, die nach Međugorje führt, und man muss auf der Straße gehen, denn es gibt keinen Gehweg. Das ist nachts ein äußerst heikles Unterfangen, weil vor allem am Wochenende viele betrunkene Autofahrer auf dieser Straße unterwegs sind. Ich hatte mit Jonny verabredet, dass wir uns am nächsten Morgen um acht Uhr nach der Morgenmesse im Café Central treffen und anschließend gemeinsam nach Hause fahren. Ich stieg aus Jonnys Wagen und stand nach seiner Abfahrt einen Moment lang allein in der stockdunklen Nacht, umgeben von Stille und nächtlicher Hitze. Und mit dem Wunder von Međugorje hatte die Dunkelheit um mich herum nicht das Geringste zu tun.

Ich versuchte, mich zu beruhigen, indem ich in einem fort – ungefähr so schief wie unser Dorfpriester während der Sonntagsmesse – das „Vater unser" sang, schließlich war ich auf Pilgerfahrt. Nach mehr als einer halben Stunde Fußmarsch, während der ich in einen andauernden Gebets-Sing-Sang verfiel, raste mein Puls nicht mehr und ich begann, mich zu entspannen. Doch die Ruhe währte nicht lange: Ich hatte gerade den Ort Miljkovići mit seinen in der Nähe des Straßenrandes weidenden Kühen passiert, da hörte ich plötzlich Stimmen vor mir. Die Straße war sehr kurvig, sodass ich nicht sehen konnte, wer oder was sich hinter der Straßenbiegung vor mir befand. Es musste eine ganze Gruppe Menschen sein, denn das Stimmengewirr wurde immer lauter. Zudem sah ich vereinzelte Lichtkegel von Taschenlampen aufblitzen. Ich beschleunigte meinen Schritt und versuchte zu verstehen, worüber gesprochen wurde. Kurz darauf hatte ich die Gruppe eingeholt und es stellte sich heraus, dass es italienische Wallfahrer aus der Nähe von Mailand waren. Sofort nahmen sie mich in ihre Mitte, nicht ohne mich mit strafendem Blick zu fragen, wie ich auf die wahnsinnige Idee gekommen sei, nachts und alleine nach Međugorje zu pilgern. Ich hätte überfallen werden können. Ich schaute mich um: Kein Haus und kein Mensch weit und breit. Abgesehen von den Kühen war mir bis dahin kein Lebewesen begegnet. Schlagartig fühlte ich mich erleichtert und sicher: Umgeben von einer Gruppe plappernder, wild gestikulierender Italiener konnte mir nichts mehr passieren. Sollten wir doch überfallen werden, würden meine neuen italienischen Freunde die Täter einfach in die Flucht reden. Es stellte sich heraus, dass es sich bei den Italienern um Mitglieder einer kleinen Kirchengemeinde handelte. Annamaria – die Sekretärin der Gemeinde

– hatte die Wallfahrtsreise organisiert. Es war schon ihre fünfte Reise nach Međugorje, und doch war ihr die Aufregung deutlich anzusehen.
Unser Tross setzte sich in Bewegung und während fast alle hymnische Loblieder schmetterten, bildete ich mit dem einzigen nicht singenden Italiener den Schluss der Pilgerkolonne. Massimo sprach passables Englisch und bot mir in regelmäßigen Abständen einen Schluck *šljivo* aus seinem Flachmann an. Nach einer etwa einstündigen, durch den Pflaumenschnaps sehr angeregten Unterhaltung in englisch-italienischem Sprachgewirr über die angeblich enormen Unterschiede zwischen der einheimischen und der italienischen Küche („You know, I don't understand why you people don't put actual fish in your fish soup! Ma no es possibile!"), versuchte ich mich wieder auf den Grund dieser Wanderung zu konzentrieren: Auf meinen Glauben. In der großen Gruppe, war es schwerer als vermutet. Ich konzentriere mich auf die in meiner Kindheit auswendig gelernten Gebete. Stoisch sprach ich also ein Gebet nach dem anderen, abwechselnd in zwei Sprachen. Baka erzählt manchmal in schwärmerischem Tonfall, wie ich bereits als Zweijährige einen ganzen Rosenkranz mit ihr und meiner Großtante gebetet habe. Mein sündhaftes Leben begann vermutlich ein Jahr später, als ich anfing, einen Kindergarten mit Kindern verschiedener oder gar keiner Religionszugehörigkeit zu besuchen.
Auf einer Anhöhe machten wir eine Pause, die bei meinen neuen italienischen Freunden schnell zu einem Gelage ausuferte. Auf drei Picknickdecken breiteten sie Brot, Salami, Mortadella, Gorgonzola, Oliven und viele weitere Speisen und Getränke aus. Ich warf einen Blick auf die Rucksäcke, doch sie schienen keinen Boden zu haben, denn es kamen immer mehr

gefüllte Tupperdosen zum Vorschein. Wir sprachen ein schnelles gemeinsames Gebet vor dem Essen und widmeten uns weniger den spirituellen, sondern vielmehr den kulinarischen Freuden.

Die breiten Lichtkegel der Taschenlampen, die auf dem Boden abgelegt worden waren, erhellten die Umgebung und die ganze Situation vermittelte mir ein unerwartetes, aber nicht unbekanntes Gefühl der Zugehörigkeit, das mich oft in diesem Land überkommen hatte: Es war, als wäre ich Teil von etwas geworden, was nicht ganz real sein konnte. Hierhin hatte mich mein langer Marsch zum Wallfahrtsort Međugorje gebracht, hier saß ich nun, auf einer Anhöhe inmitten der herzegowinischen Bergen, gemeinsam mit einer Gruppe schnatternder und lachender Italiener, während ich auf einem Mortadella-Brötchen kaute und an einem Becher Weißwein nippte. Vielleicht war das, dieses Gefühl, ein Hauch des Wunders von Međugorje.

Ich zog mein Handy heraus, um mich kurz bei Baka zu melden, auch wenn es bereits nach Mitternacht war – sie machte vermutlich vor Sorge kein Auge zu. Aber in dieser abgelegenen Gegend hatte ich keinen Empfang. Nach einer halben Stunde Pause packten wir die wenigen Reste zusammen und wanderten weiter die Serpentinen bergauf. Ich sah alles mit einem ganz neuen Blick, obwohl ich die *Vinska Cesta*, die Weinstraße, die von Mostar nach Međugorje führt, eigentlich in- und auswendig kannte – allerdings nur als Fahrerin. Denn es vergeht keine Woche, in der ich meine Großmutter nicht nach Međugorje fahre oder dort abhole, weil sie Kerzen, Rosenkränze oder Madonna- und Jesus-Statuen vom örtlichen Priester segnen lässt. Sie glaubt fest an die Visionen der Kinder und das Wunder der Erscheinung. Ich wünschte, ich könnte diesen unbeirrbaren Glauben

an die Visionen teilen – so wie ich es während meiner Kindheit und Jugend getan hatte – und erhoffte mir während dieser Pilgerreise eine Antwort auf meine wachsenden Zweifel.
Drei Stunden später hatten wir einige weitere Pilgergruppen aus Deutschland, Irland, Spanien und den USA eingeholt und einen Hochzeitssaal mit 250 Gästen, eine 24-Stunden-Tankstelle in einem 30-Seelen-Dorf, zwei zu später Stunde gut besuchte Restaurants, einen Unfallort und zwei überdimensionale Schilder passiert, bedruckt mit einem Bild von Jesus am Kreuz in überlebensgroßem Format und der Aufschrift „Sprecht keine Flüche in meinem Namen aus". Den Einheimischen muss das wie blanker Hohn erscheinen: Es gibt vermutlich nur wenige Länder auf dieser Erde, in denen mehr geflucht wird, als in Bosnien-Herzegowina. Das Fluchen ist – um es neutral zu formulieren – ein fester Bestandteil der Alltags- und Sprachkultur und wird bereits im Kindsalter erworben. Der Kreativität scheinen hierbei keine Grenzen gesetzt zu sein. So kann man nahezu alles zum Objekt seiner Flüche machen: Bevorzugt wird eine Kombination von „Ich ficke" und dem jeweiligen Gegenstand, der betreffenden Person (der Klassiker ist natürlich die Mutter des Gegenübers) oder auch eines Tieres. Ein Beispiel hierfür ist der äußerst beliebte Ausdruck *Jebem mu miša,* was wörtlich mit „Ich ficke seine Maus" zu übersetzen ist. Leider habe ich in all den Jahren nicht herausfinden können, was der feststehende Ausdruck meint, der interessanterweise oft in der Gegenwart von Kindern verwendet wird. Vielleicht soll die Maus den Fluch verniedlichen?
Gegen 5.30 Uhr erreichten wir Čitluk, einen kleinen Ort, der kurz vor Međugorje liegt. Ich setzte mich unbemerkt auf eine Bank und ließ die inzwi-

schen riesige Gruppe weiterziehen. Den letzten Abschnitt wollte ich in aller Ruhe und ohne Diskussionen über Fischsuppe bestreiten. Kaum saß ich auf der Bank, da klingelte mein Mobiltelefon – meine Großmutter, natürlich. In gewohnt hysterischem Tonfall trug sie mir auf, eine Spende von 50 Euro im Pfarrhaus der Sankt Jakobskirche zu entrichten, damit eine Messe zu Ehren unserer verstorbenen Verwandten gehalten werde. Die Spende sollte ich mir selbstverständlich schriftlich von einer der dort arbeitenden Nonnen quittieren lassen. Ich erzählte ihr von den italienischen Pilgern und dem wundervollen nächtlichen Picknick auf der Anhöhe. Sie schien unbeeindruckt und sagte nur: „Ich hoffe, sie hatten keine Fischspeisen dabei. Von Fisch haben Italiener keine Ahnung. Kannst du dir vorstellen, dass sie tatsächlich richtige Fischstücke in ihre Fischsuppe schmeißen?!“

Der Morgen dämmerte und die ersten Cafés in Čitluk öffneten. Das Ziel fest vor Augen, überwand ich meine Müdigkeit und wanderte los. Außerhalb von Čitluk lagen rechts und links der Straße satte grüne Wiesen und Weinberge, die im Licht der Dämmerung rötlich leuchteten. Vielleicht lag in diesem stillen Moment, als die Farben die Landschaft draußen vor der Stadt umspielten, abermals etwas vom Wunder von Međugorje in der Luft.

Um zehn vor sieben erreichte ich schließlich die Sankt Jakobskirche in Međugorje und suchte mir einen Platz auf einer der zahllosen Bänke im Freien. Im Sommer finden viele Gottesdienste auf dem weitläufigen Areal hinter der Kirche statt. An diesem hohen Feiertag versammelten sich ganze Menschenmassen auf dem Kirchenplatz. Viele Pilger trugen die Fahnen ihrer Herkunftsländer und die obligatorischen Rosenkränze. Die Stimmung war gelöst und

erfasste auch die Zurückhaltenden, ähnlich wie bei Menschen, die zum ersten Mal ein Open-Air-Konzert besuchen und von der Musik und der Menge mitgerissen werden.
Während der Messe spürte ich meine Müdigkeit und Erschöpfung. Gleichzeitig fühlte ich mich aufgehoben und den vielen fremden Menschen aus aller Welt verbunden. Und vielleicht machte auch dieses kollektive Glücksgefühl einen Teil des Wunders von Međugorje aus.
Nach der Morgenmesse ging ich zum Pfarrhaus, um meine Spende zu entrichten und beschloss, ein paar Minuten auf der Hauptstraße entlangzuschlendern, bevor ich mich ins Café setzen würde, um auf Jonny zu warten. Auf der Hauptstraße reiht sich ein Souvenirshop an den anderen. Alle erdenklichen religiösen Andenken – von Rosenkränzen aus Steinen vom Erscheinungsberg bis hin zur Unterwäsche mit dem Konterfei der Heiligen Jungfrau und zu *Glow-in-the-Dark*-Jesusfiguren aus Plastik – finden hier reißenden Absatz. Darüberhinaus gibt es zahlreiche Handtaschenboutiquen, alle ausgestellten Waren natürlich mit dem Prädikat *Made in China*. Die wirtschaftliche und ganz und gar nicht spirituelle Seite eines Wallfahrtsortes zeigt auf dieser Einkaufsmeile ihr hässliches Gesicht. Ich kaufte spontan zwei ungesegnete Kerzen mit dem Abbild der Sankt Jakobskirche für Baka und war gespannt, wie sie diesen „heidnischen Akt“ meinerseits verkraften würde.
Als ich im Café „Central“ ankam, saß Jonny bereits mit meinem langjährigen Freund Damir an einem Tisch. Das Café war zu dieser frühen Stunde schon voll und ich frage mich ein weiteres Mal, wie die Massen an Menschen in diesen kleinen Ort passten, ohne sich im wörtlichen Sinne gegenseitig auf die Füße zu treten.

Ich erzählte Jonny und Damir von den unterschiedlichen Etappen meiner Wanderung, den Italienern, der Fischsuppe, dem Gelage und meiner Unzufriedenheit mit mir selbst, weil sich ein spirituelles Gefühl bei mir einfach nicht einstellen wollte. Ich hatte mir einen lebensverändernden Moment erhofft, doch ich spürte nichts als Müdigkeit und das dringende Bedürfnis, mich zu duschen und danach ins Bett zu legen.
Damir war nicht wegen des Feiertages nach Međugorje gekommen. Er arbeitet als Journalist für den Lokalteil einer bekannten Tageszeitung in Bosnien-Herzegowina und heute hatte ihn eine für hiesige Verhältnisse brisante Story hierhergeführt: Der Besitzer eines kleinen Familienhotels in Međugorje war mit dem geliehenen Bus eines befreundeten Reiseunternehmers namens Toni zum Flughafen in Split (Kroatien) gefahren, um eine Gruppe südkoreanischer Wallfahrer abzuholen. Er hatte am Ausgang mit einem selbstgebastelten Willkommensschild gewartet und die fünfzehnköpfige Gruppe zum Bus geführt, der über beide Längsseiten hinweg den geschwungenen Schriftzug „Toni Trans" trug. Ein koreanischer Gast fragte ihn, wie man „Toni" korrekt in der Landessprache ausspräche und ob das der Name des Familienhotels sei. Der Hotelbesitzer hatte gerade das Wort ausgesprochen, da blickte er auch schon in fünfzehn entsetzte Gesichter. Wilder Protest erhob sich seitens seiner Gäste aus Asien, gefolgt von wüsten Beschimpfungen und Drohungen, die keiner Übersetzung bedurften. Nach einigem Hin und Her erklärte ihm der Dolmetscher der Reisegruppe, dass „Toni" in bestimmten koreanischen Variationen ein sehr vulgärer Begriff für Penis sei und die Gruppe sich weigere, in den Bus zu steigen und damit einen heiligen Ort zu

besuchen. Ganz gleich aber wie oft der Hotelbesitzer dem Dolmetscher versicherte, „Toni" sei nur ein männlicher Vorname ohne jegliche schmutzige Konnotation: Die Koreaner ließen sich nicht bewegen, in den Bus zu steigen. Also rief er ein Taxiunternehmen in Međugorje an, das die aufgebrachte Gruppe mit zwei Kleinbussen in den Wallfahrtsort fuhr. Als sie in Međugorje ankamen, hatte sich die Geschichte vom „Penis-Bus" schon herumgesprochen, und Toni wird mithilfe von Damirs Artikel wahrscheinlich in die Annalen des bosnisch-herzegowinischen Transportwesens eingehen, inklusive kostenloser PR für sein Unternehmen.
Vielleicht ist das Wunder von Međugorje, dass ich am Ende meiner kurzen Pilgerreise mit Jonny und Damir in einem überfüllten Café auf der Touristenmeile des Wallfahrtsortes sitze, herzhaft über die alberne Geschichte lache und zum ersten Mal das Gefühl habe, angekommen zu sein.

Das Hunde-Tribunal

Unser Hund ist psychotisch. Oder zumindest traumatisiert, wie so viele, die in Bosnien-Herzegowina leben. Er hat den Krieg durchgemacht und nun lebt er in einem geographisch, kulturell und religiös zerrissenen Land: Sichtbare und unsichtbare Trennlinien durchziehen nahezu jedes Dorf.
Teilung ist hier nicht nur ein Wort. Sie wird jeden Tag aufs Neue gelebt, sei es in der Schule, beim Metzger, im Postamt, im Supermarkt oder in Gotteshäusern. Und der Hund befindet sich mittendrin. Seine Hütte liegt genau auf der unsichtbaren Dorfgrenze zwischen dem katholischen und dem muslimischen Teil unseres Dorfes.
Der Hund ist etwa sechs Jahre alt, ganz genau weiß das niemand. Er ist ein stattlicher Mischling mit glänzendem schwarz-braunem Fell, eigentlich ein Jagdhund, doch viel zu ängstlich und verstört, um jemals ein Lebewesen zu erlegen. Er bellt jede Nacht, völlig unbegründet und sehr zum Leidwesen unserer Nachbarn. Tagsüber schläft er lange. Dann liegt er auf einem der vielen kleinen Teppiche vor seinem Holzhäuschen mit Ziegeldach in der Sonne. Die Bauarbeiter, die Bakas Haus nach dem Krieg wiederaufgebaut haben, haben zum Spaß ein Dach für seine Hundehütte gezimmert.
Jedes Jahr, wenn ich zu Besuch komme, versuche ich, viel Zeit mit diesem wundersamen Tier zu verbringen. Der Hund ist destruktiv, so wie Menschen es manchmal sein können, wenn sie das Gefühl haben, auf der Stelle zu treten. Wenn ich ihn spazieren führe, reißt er ab und zu mit solcher Kraft an der Leine, dass er sich befreit und wegrennt. Bevorzugt läuft er in die Felder, die noch kein Räumkomman-

do freigegeben hat, die noch vermint sind – und es wohl auch immer bleiben werden. Ich stehe dann am Rand des Feldes und warte. Ich warte auf eine Explosion und frage mich, wie das wohl aussieht, wenn ein Hund explodiert. Ist es genauso grausam wie bei einem Menschen? Läge der Geruch von verbranntem Fleisch in der Luft, so wie es in unserem Dorf während des Krieges wochenlang der Fall war?

Die Dorfbewohner scherzen manchmal und raten Baka, den Hund einem Minenräumkommando der UN zur Verfügung zu stellen. Wenn er im Dienste der UN von einer Mine zerrissen würde, bekäme sie als Besitzerin wenigstens eine Invalidenrente und der Hund hätte sich für die Heimat geopfert. Geld vom Staat zu bekommen, möglichst ohne körperliche Arbeit zu verrichten, ist auf dem Balkan eine Art Sport. Es gibt zwar keine offiziellen Wettkämpfe, doch wer es nach Beendigung des Krieges irgendwie geschafft hat, ein voll ausgestattetes Haus mit Hilfe internationaler Finanzspritzen wieder aufgebaut zu bekommen, gilt nicht als Schnorrer, sondern ist ein Idol.

Eines Tages lief mir der Hund wieder davon und ich dachte, dieses Mal bliebe er endgültig verschwunden. Einige Stunden später sah ich, wie sich eine dunkle Gestalt ungelenk die Dorfstraße entlangschleppte – unser Hund. Er war in eine Teergrube gesprungen und nun trottete er teerverklebt die Dorfstraße entlang nach Hause. Der Tierarzt kam und befahl Baka, Onkel Bego und mir, den Hund mit Terpentin zu reinigen. Er war nur knapp dem Tod entronnen. Ich versuchte, seine Augen zu reinigen, während sein klagendes Gejaule die herbeigeeilten Nachbarn in kollektives Mitgefühl ausbrechen ließ, das in erster Linie in Form von Streicheleinheiten und frisch gekochten Koteletts zum Ausdruck kam. Die Idee,

dass die Welt mit rauen Mengen an Essen schon besser aussieht, machte auch vor dem in Terpentin getränkten Hund nicht halt. Beim vorsichtigen Säubern seiner Schnauze fragte ich mich wieder, ob er nicht in Wirklichkeit ein sehr kluges, fast menschliches Wesen war. Wollte er auf sein Leid aufmerksam machen? Wollte er vielleicht sogar seinem Leben ein Ende setzen? In seinem absurden, ganz und gar untypischen Verhalten erinnerte der Hund an eine tragikomische Gestalt, die ständig versucht, sich umzubringen, aber immer wieder gerettet wird.
Die Dorfbewohner wissen viele Geschichten über den Hund zu berichten. Dass er als Welpe in die bosniakische Familie kam, die während des Bürgerkrieges unser Haus bewohnte, unrechtmäßig natürlich, wie Baka nie zu erwähnen versäumt. Dass die Kinder dieser Familie nur anfangs mit ihm spielten und er schon früh vernachlässigt wurde. Dass er seitdem bosniakische Frauen, die Kopftücher tragen, aggressiv anbellt. Dass er stundenlang heulte, wenn das Dorf von den Serben mit Granaten beschossen wurde. Dass er seitdem Angst vor Blitz und Donner hat, aber vor Schreck wie gelähmt ist, statt sich einfach in seine Hütte zurückzuziehen. Dass er manchmal Kinder anbellt, weil die Kinder früher mit Steinen nach ihm geworfen haben. Dass ein Hund niemals vergisst, wer Freund und wer Feind ist, so wie die ansässige kroatisch-katholische Dorfgemeinschaft. Alle Nicht-Katholiken gehören nicht zum inneren Zirkel der Gemeinschaft. Sie werden geduldet, aber nicht integriert. Man lebt neben-, aber nicht miteinander. Und der Hund steht in den Augen der Dorfbewohner zwischen den Fronten: Er sei gebürtiger Bosniake, aber da er von Kroaten aufgenommen und aufgezogen worden war, doch irgendwie ein kroatischer Hund.

Vor Kurzem hatte der Hund Anlass zu Spannungen zwischen bosniakischen und kroatischen Dorfbewohnern gegeben. Die 88-jährige Witwe Fatima, die ein paar Hühner besitzt, verfiel eines Morgens in lautes Wehklagen, was die gesamte Nachbarschaft zu ihrem Haus eilen ließ. Sie war zum Hühnerstall gegangen, um die Eier herauszuholen, als sie bemerkte, dass eines ihrer Hühner totgebissen und in Stücke gerissen worden war.
„Es kann nur der Hund gewesen sein", beteuerte Fatima vor meiner Großmutter, mir und einigen herbeigeeilten Nachbarn. „Er ist schon oft um den Stall geschlichen, der hat es auf meine Hühner abgesehen. Ich bin mir sicher, dass er es war."
Jeder wusste, dass der Hund es nicht gewesen sein konnte. Mein Onkel kettet ihn jede Nacht vor seiner Hütte an. Er kann sich nicht befreien, umherstreunen und Hühner töten. Fatima forderte trotzdem ein neues Huhn von meiner Großmutter. Diese weigerte sich vehement, unterstützt von einigen kroatischen Nachbarn, unter ihnen der alte Mirko, der Dorfvorsteher der Kroaten. Er und Fatima kennen sich seit über 50 Jahren und pflegen auch mindestens genauso lange eine Hassliebe zueinander. Sie können nicht miteinander, aber auch nicht ohneeinander. Fatima und Mirko sind der Mikrokosmos des Chaos auf dem Balkan.
Früher, vor dem Bürgerkrieg, sahen und unterhielten sie sich jeden Tag. Immer ging Fatima mit ihren Ziegen früh am Morgen an Mirkos Haus vorbei und fragte ihn, obwohl er offensichtlich bereits vor seinem Haus zugange war, ob er schon aufgestanden sei. Eine unnötige Frage auch deshalb, weil alle Dorfbewohner, die Vieh haben, bei Sonnenaufgang aufstehen, um die Hühner und die Ziegen zu versorgen und die Kühe zu melken. Mirko brummelte stets zurück,

dass sie ihn in Ruhe lassen solle. Daraufhin lud Mirkos Frau Vesna Fatima ein, auf eine Tasse Kaffee ins Haus zu kommen. Fatima führte die Ziege durch das Tor und den Hof, band sie am Geländer fest und ging triumphierend an Mirko vorbei ins Haus. Saß sie erst einmal mit Vesna am Küchentisch, blieben die beiden Frauen dort manchmal stundenlang sitzen und redeten. Währenddessen graste die Ziege in Mirkos Garten und seine Schreie waren durchs ganze Dorf zu hören: „Fatima, hol' endlich deine stinkende Ziege aus meinem Garten. Sie frisst meine Blumen und zerstört die Grasnarbe. Kannst du dich nicht einmal zivilisiert benehmen?"
Fatima ließ nie lange auf eine Antwort warten und keifte zurück: „Was weißt du schon von der Zivilisation? Du kommst aus einem so winzigen Dorf, ihr habt nicht mal mitbekommen habt, dass es den Zweiten Weltkrieg gab. Hättest du Vesna nicht geheiratet, hättest du niemals den Weg hierhergefunden und würdest vermutlich auf der Alm Schafe hüten und im Stroh schlafen. "
„Dass ich nicht lache! Nur weil du einmal in deinem Leben in Deutschland warst, um deinen Bruder in München zu besuchen, hältst du dich nun für eine Frau von Welt? Dabei bist du bis auf dieses eine Mal nicht aus diesem Dorf, geschweige denn aus Bosnien-Herzegowina herausgekommen. Wann war das, 1978? Und geheiratet hast du auch nie!"
Das verletzte Fatima selbst nach Jahren. Meine Großmutter hatte mir erzählt, dass Fatima als junge Frau mit einem Kroaten aus dem Nachbarort liiert war. Sie waren verlobt und beabsichtigten, zu heiraten. Als seine Verwandten erfuhren, dass er eine Muslimin liebte und sie heiraten wollte, drohten sie damit, ihn aus der Familie zu verstoßen und zu enterben. Er ließ sich nicht einschüchtern und blieb mit Fati-

ma zusammen. Wenige Monate später jedoch verunglückte er tödlich. Die Dorfbewohner sahen seinen Unfall weniger als tragisches Unglück, sondern vielmehr als Strafe für den Ungehorsam gegenüber den eigenen Eltern.
Fatima blieb in ihrem Elternhaus, kümmerte sich um ihre Mutter und ihren Vater und übernahm nach deren Tod die kleine Landwirtschaft. Gemeinsam mit Mirko schaffte sie sich in den letzten Jahren ein paar Hühner, zwei Kühe und vier Ziegen an. Sie teilten sich die Anschaffungskosten und versorgen die Tiere gemeinsam. Aus dieser Zweckgemeinschaft entwickelte sich eine merkwürdige Art der Freundschaft. Sie können nicht mit- und nicht ohneeinander, sprechen sie miteinander, folgt eine Beleidigung auf die nächste. Man mag zuerst denken, das liege an der insgesamt eher raueren Umgangsweise in der Balkanregion oder daran, dass Fatima und Mirko zwei notorische Querköpfe sind. In ihren Streitereien spiegeln sich jedoch auch die unterschwelligen Spannungen zwischen den verschiedenen ethnischen Gruppen in Bosnien-Herzegowina. Auch wenn es bereits vor dem Kriegsausbruch eine beachtliche Anzahl an Mischehen gab, so beäugten sich Kroaten, Serben und Bosniaken stets mit Skepsis. Geschürt wurde das Misstrauen nicht zuletzt durch die kleinen Spitzen des sozialistischen Alltags: Mal war es der arbeitslose serbische Nachbar, der durch einen kurzentschlossenen Eintritt in die Partei sofort Arbeit bekam. Mal war es der bosniakische Nachbar, der für seinen Hausbau mehr Säcke Zement zugewiesen bekam als der kroatische Nachbar. Und ein anderes Mal wurde der kroatische Nachbar mit giftigen Blicken bedacht, weil er in dem offiziell atheistischen Staat Jugoslawien unbehelligt seinen Katholizismus praktizieren durfte.

Statt Einzelnen ihr Verhalten vorzuwerfen, wurden Bosniaken, Kroaten oder Serben als solche verunglimpft oder das Fehlverhalten mit der ethnischen Zugehörigkeit begründet. Es war die Rede vom parteilinientreuen Serben, der für diverse Privilegien den eigenen Bruder verraten würde, und vom Bosniaken, der sich an die Staatsmacht anbiedert, der sich dreht wie ein Fähnchen im Wind. War ein Verwandter in den Westen geflohen oder ausgewandert, und verdiente in der neuen Heimat viel Geld, das er wiederum an die Verwandten im ehemaligen Jugoslawien schickte, um ihnen ein bequemes Leben zu ermöglichen, galten sie schnell als die faschistischen, anti-jugoslawischen Kroaten mit den reichen, noch faschistischeren Verwandten in Nordamerika.
Vor allem den Bosniaken warfen die Serben und Kroaten rückgratloses Verhalten vor, so auch in unserem Dorf: Sie wären eine künstlich geschaffene Nation, von Tito erdacht, um darüber hinwegzutäuschen, dass die Muslime nur eine Religionsgemeinschaft wären, kein eigenes Volk. Zudem wurden die muslimischen Bosniaken als Nachkommen der türkischen Herrscher über die überwiegend christlichen Südslawen angesehen – und damit als uneuropäisch und unzivilisiert. Seit dem Ende des Bürgerkriegs wird den Muslimen von den Christen außerdem immer wieder vorgeworfen, sie würden sich als einzige Kriegspartei inszenieren, die Opfer erlitten hat – ohne dabei die eigenen Gräueltaten während des Kriegs zu erwähnen oder gar aufzuarbeiten. Die Serben und Kroaten schimpfen die Bosniaken Feiglinge, weil diese vor allem deshalb mit dem Internationalen Kriegsverbrechertribunals in Den Haag kooperieren würden, um selbst ungestraft davonzukommen – dabei verfolgt fast niemand die Kriegsverbrecherprozesse. Trotzdem wird das Tribunal wie eine fremde

Macht empfunden, die in interne Angelegenheiten des ehemaligen Jugoslawiens eingreifen würde.
Den Mythos des schwachen Bosniaken, der sich stets einen stärkeren Verbündeten im In- oder Ausland sucht, gab es jedoch auch schon vor dem Krieg, und er zeigt sich in vielen alltäglichen Begebenheiten, sogar in einem toten Huhn. Auf Fatimas laute Forderung nach ausgleichender Gerechtigkeit sah Mirko sich zu den anderen Kroaten um, verschränkte die Arme und sagte kopfschüttelnd: „Fatima, du kannst dich zum Teufel scheren, doch ein neues Huhn bekommst du nicht, nicht von uns Kroaten."
Fatimas Stimme wurde brüchig und sie fragte klagend in die Runde: „Aber was soll ich denn jetzt tun? Mir fehlt ein Huhn und ich besitze doch sowieso so gut wie nichts. Ich brauche ein neues Huhn."
Ohne darauf einzugehen, dass das Huhn zur Hälfte ihm gehört hatte, sagte Mirko kühl: „Du kannst den Hund ja ans Tribunal in Den Haag ausliefern. Die wissen ja besser, wie man mit vermeintlichen Verbrechern verfährt."

TV total anstrengend

Trockene Winter in Bosnien-Herzegowina sind trister als regnerische Winter in Deutschland. Das ist eine Tatsache. Seit Jahren versuche ich die größtenteils sonnigen, wenn auch wegen der kalten *bura*[1] kühlen Wintertage schätzen zu lernen und viel Zeit draußen zu verbringen. Fehlanzeige. Abgesehen von unvermeidbaren auswärtigen Terminen und den täglichen Spaziergängen mit unserem Hund verlasse ich das Haus nur ungerne, denn die Gegend ist schlicht und ergreifend tot und die *bura* so kalt und stark, dass Lippen und Hände trocken und rissig werden.
Im Frühjahr und im Sommer findet das Leben nahezu ausschließlich im Freien statt. Sobald jedoch die letzten Touristen und *dijasporci*[2] abreisen, ebben sämtliche Outdoor-Aktivitäten ab und es wird schlagartig ruhig. Nur noch vereinzelt kommen Nachbarn bei uns auf die obligatorische Tasse Mokka vorbei. Die Beete und Obstgärten hinter den Häusern müssen kaum noch bestellt werden und es ist zu kalt, um auf der Terrasse zu sitzen und zu essen oder einfach nur zu schauen, was die Nachbarn machen oder welches Auto mit unbekanntem Nummernschild vorbeigefahren ist.
An einem ereignislosen Samstag im Spätherbst beschließe ich, die Gunst der Stunde zu nutzen und mir einen Fernsehabend zu gönnen. Baka wird den ganzen Tag bei ihrer Schwester verbringen, um Gemüse für den Winter einzulegen und Quittenmarmelade zu kochen. Jonny muss wie fast jeden Samstag

1 Bosn./ Kroat./ Serb. Bora – ein trockener, kalter und böiger Nordwind.
2 Staatsbürger Bosnien-Herzegowinas, die dauerhaft in der Diaspora leben.

eine Hochzeit mit Speisen und Getränken beliefern und wird erst spät in der Nacht nach Hause kommen. Und Onkel Bego besucht bis morgen Nachmittag ein Veteranentreffen in Sarajevo. Diese einmalige Gelegenheit darf ich mir nicht entgehen lassen. Also fahre ich am frühen Abend in die örtliche *Namex*-Supermarktfiliale, die die Größe eines Tante-Emma-Ladens hat, und stürze mich in einen wahren Süßigkeiten- und Junkfood-Kaufrausch. Alles, was nach Vollmilchschokolade und Chips schmeckt und nicht in Serbien, Kroatien, Bosnien-Herzegowina oder Slowenien hergestellt wurde, landet im Einkaufswagen. Abgesehen vom *Munchmallow* – das serbische Äquivalent zum deutschen Schokokuss – schmeckt „einheimische" Schokolade (immer noch) nach Staub und Sozialismus und eignet sich nicht zum Verzehr, sondern höchstens als dekoratives Relikt aus der Tito-Ära. Die Zutaten dürften dieselben sein wie in den 1970er und 1980er Jahren. An der Kasse wirft mir die Kassiererin, die natürlich meine Großmutter kennt, missbilligende Blicke zu und verkündet in vorwurfsvollem Ton: „Weißt du, du wirst nicht jünger, und wenn du fett wirst, dann wird es noch schwerer, einen Mann zu finden."

Und das von der Bewohnerin eines Landes, in dem mehr als die Hälfte der Menschen übergewichtig oder gar fettleibig sind. Wortlos packe ich meinen Zucker- und Fettberg in zwei Plastiktüten und verlasse den Supermarkt in betont lässiger Haltung. Ich würde mir meine gute, völlig auf Fernsehen-im-Jogginganzug ausgerichtete Laune nicht von einer übergriffigen, vollschlanken, blondierten, dauergewellten, vermutlich völlig frustrierten Kassiererin mittleren Alters verderben lassen.

Am Abend sitze ich in meinem gemütlichsten Jogginganzug auf der Wohnzimmercouch und genieße die aus dem Kaminfeuer strömende Wärme. Vor mir habe ich zahlreiche Schüsseln und Teller mit Chips, Flips und diversen Schokoladensünden aufgereiht. Zur Krönung des Abends gönne ich mir noch eine Pizza mit Schinken nach bosnisch-herzegowinischer Art: mit einem beachtlichen Klecks Mayonnaise in der Mitte der Pizza. Mental, physisch und kalorienmäßig bin ich für das TV-Abenteuer gewappnet. Es ist das erste Mal, dass ich mir Filme und Serien bewusst ansehen werde. Bei uns im Haus läuft der Fernseher zwar permanent im Hintergrund, doch niemand sieht gezielt fern. Wie in vielen Haushalten in dieser Gegend läuft ein Programm mehr oder weniger den ganzen Tag, und abgesehen von den Abendnachrichten, Fußball- oder Handballturnieren, Miss-Wahlen oder einer Seifenoper scheint der Fernseher nur der Beschallung zu dienen. Ich habe noch nie ein Fernsehprogrammheft bei uns zu Hause oder bei irgendjemand anderem gesehen, was bedeuten könnte, dass nur geringes Interesse an bestimmten Filmen oder Sendungen besteht. Alle meine Bemühungen, den Fernseher nur zu gewissen Zeiten einzuschalten und dadurch die Qualität unseres familiären Beisammenseins, etwa während des gemeinsamen Abendessens, zu steigern, wurden schlichtweg ignoriert. Wahrscheinlich entbehrte man zu Titos Zeiten vielseitiges Entertainment oder besaß überhaupt kein Fernsehgerät, sodass in den post-sozialistischen Jahren alles aufgeholt werden muss. Interessanterweise hat dieser uneingeschränkte TV-Konsum in einer Hinsicht auch positive Auswirkungen: Vor ein paar Tagen las ich einen Artikel in einer kroatischen Tageszeitung, in dem beschrieben war, wie ein achtjähriges Mädchen akzentfrei Deutsch lernte, weil es jeden Tag zwei bis drei Stunden lang Zeichentrickfilme auf Deutsch sah. Seit dem Erscheinen

des Zeitungsartikels sind viele Eltern ernsthaft davon überzeugt, dass ihren Kindern durch erhöhten TV-Konsum neue Horizonte im Bildungswesen aufgezeigt werden.
Wie viele südosteuropäische Haushalte des 21. Jahrhunderts besitzen wir eine Satellitenanlage. Diese ermöglicht es mir, nahezu alle deutschen und einige englisch-, kroatisch-, serbisch- und französischsprachigen Programme zu empfangen. Ziel des heutigen Unternehmens ist es jedoch, allein die bosnischen, kroatischen und serbischen Programme zu sehen. Und durchzustehen. Ich weiß so gut wie nichts über das einheimische TV-Programm und möchte diese Lücke heute Abend ein Stück weit schließen.
Ich entscheide mich dafür, mich geruhsam und niveauvoll mit den Nachrichten zur vollen Stunde auf den Abend einzustimmen. Die Struktur der deutschen „Tagesschau" im Hinterkopf erwarte ich eine ähnliche Variante bezüglich der Form der Berichterstattung aus Bosnien-Herzegowina. Doch meine Vorstellung von objektiv und detailliert recherchierten Beiträgen erweist sich schon nach wenigen Minuten als Illusion. Je nachdem, ob man die Nachrichten auf BHRT (Radio-Televizija Bosne i Hercegovine) oder HRT (Hrvatska Radiotelevizija) verfolgt, fallen diese entsprechend pro-bosniakisch oder pro-kroatisch aus. Man könnte auch meinen, dass allgemein relevante Themen, wie z.B. Wirtschaftskriminalität, Bildung, Gesundheit, Reformen oder gar die Kriegsverbrecherprozesse am Internationalen Gerichtshof in Den Haag, einen Weg in die Nachrichten finden. Weit gefehlt! Stattdessen erfährt man tragische Neuigkeiten und sich wiederholende Meldungen aus der bosnischen und der herzegowinischen Provinz: ein Selbstmord in Tuzla, ein Banküberfall mit einer Toten in Mostar, ein Fall von Kinderschändung

in Bihać, antisemitische Schmierereien auf Müllcontainern in Mostar, eine kroatische Bürgerinitiative kämpft weiterhin für unabhängige kroatische Medien innerhalb Bosnien-Herzegowinas, weil sie sich durch die bosniakischen Medien diskriminiert fühlt, die Regierung in Sarajevo – bestehend aus Vertretern der drei großen Volksgruppen – behindert sich mal wieder selbst bei der Verabschiedung notwendiger Reformen. Es ist deprimierend, die Probleme dieses Landes noch einmal auf einem Flachbildschirm in Dolby Surround vor Augen geführt zu bekommen, also schalte ich um und bleibe – während ich mir eine Handvoll Erdnussflips genehmige – bei einer Kochshow namens „U istom loncu" (übersetzt: Im selben Topf) hängen. Eine Köchin und ein Koch bereiten drei Speisen zum Thema Innereien zu: Leber mit Zwiebel- und Apfelringen, eingelegte Nieren und Pankreas. Beim Anblick der hochkonzentrierten, mit Innereien hantierenden Köche und des völlig überdrehten Moderators bleiben mir die Flips im Hals stecken und mich überkommt ein Hustenreiz. Letzterer wird zu einem Würgereiz, als die Kamera auf die Speisen zoomt und – wahrscheinlich zum ersten Mal in der Geschichte ex-jugoslawischen Fernsehens – eine Schweineniere und ein Pankreas im überlebensgroßen Format zu sehen sind. Nachdem ich knapp dem Erstickungstod durch den Konsum von Erdnussflips entkommen bin, zappe ich weiter, direkt zu einer von Bakas Lieblingsshows: Bingo. Es gibt kaum etwas zäheres, aber auch ungefährlicheres als eine Live-Bingo-Show im südosteuropäischen Fernsehen. Bingo hat in diesen Breiten keine Tradition wie z.B. in sämtlichen Seniorenresidenzen in Florida oder dem Mittleren Westen der USA. Die Passion und Ernsthaftigkeit der Beteiligten lassen sehr zu wünschen übrig, abgesehen von der extrem motivier-

ten und in eine lange Polyesterrobe gehüllten Moderatorin, deren Stimme sich etwa alle vier Sekunden zu überschlagen droht. Es ist sehr anstrengend, sie anzuschauen und ihr zuzuhören, geschweige denn, sie ernst zu nehmen. Dieses Schicksal teilt sie mit nahezu allen ihren Kolleginnen und Kollegen aus dem bosnischen, kroatischen und serbischen Fernsehen. Meist liegen sie bereits bei der Wahl des Outfits daneben und man möchte umschalten, um das Auge vor diesem Anblick wild durcheinander gewürfelter Muster und Farben zu schützen. Es ist mir ein Rätsel, warum so viele fürs Fernsehen arbeitende Männer ein pinkfarbenes Hemd mit einer lilafarbenen Krawatte und einem braunen oder grauen Anzug kombinieren müssen. Oder warum die Moderatorinnen überschminkt in schrillen Abendkleidern auftreten, die sehr an die Zeiten von Elvis oder ABBA erinnern. Es ist und bleibt ein südost- bzw. osteuropäisches Phänomen, und ich gebe mir alle Mühe, es unter „charmanter Lokalkolorit“ zu verbuchen.
Mein qualvoller Erstickungstod während der Kochshow droht durch einen langsamen Gehirntod ersetzt zu werden, falls ich mir weiterhin die lustlosen Bingo-Teilnehmer anschaue, und ich zappe weiter auf einen kroatischen Fernsehsender. Ich schalte genau zur richtigen Zeit um: Es läuft die x-te Folge der mit kroatischen Untertiteln versehenen mexikanischen Seifenoper „Draga neprijateljica“ (übersetzt: Liebe Feindin). Auf einen Blick erfasst man, warum gerade spanischsprachige Telenovelas in Bosnien-Herzegowina so viele Zuschauer begeistern: Die Darstellerinnen könnten mit ihrem Make-up und ihrer Garderobe problemlos jederzeit in einer Travestieshow in Las Vegas auftreten. Ähnlich wie die bereits erwähnten TV-Moderatorinnen entsagen sie jeglichem Stilbewusstsein. Die Story ist eine Mischung

aus „Denver Clan“ und „Gute Zeiten, Schlechte Zeiten“: Ein im Koma liegender Darsteller wacht rechtzeitig auf, um die Hochzeit seiner Liebsten mit dem fiesen Großgrundbesitzer zu verhindern. Baka verfolgt diese Serie leidenschaftlich und gibt mir unaufgefordert eine tägliche Zusammenfassung der neuesten inhaltlichen Ent- und Verwicklungen. Dabei spricht sie immer von „Jacqueline“ und „Ernesto“, als ob sie mit ihnen am Nachmittag zum Kaffeetrinken verabredet gewesen wäre. Meine beharrlichen Versuche, Baka zu erklären, dass eine Telenovela niemals das durchschnittliche, oftmals von Armut, Gewalt und Drogenkrieg gezeichnete mexikanische Alltagsleben wiedergibt, scheitern an ihren geradezu literarisch-verklärten Vorstellungen von brutalen Feudalherren, die ihre Bediensteten ausbeuten und Frauen wie Eigentum behandeln. Bei allem Verständnis für ihr Alter und ihre harte Kindheit in einem abgelegenen Bergdorf in Bosnien-Herzegowina weiß ich nicht, wieso sie an der schillernden Gestalt eines Großgrundbesitzers festhält. Vielleicht möchte sie mit diesen Fantasievorstellungen Spannung im eher ereignislosen Alltagsleben aufbauen. Aber wie viel Spannung braucht ein Mensch, der zwei Kriege überlebte, sechs Kinder und 15 Enkelkinder hat und in einem Land lebt, das immer noch vom letzten Krieg gezeichnet ist?
Beim Umschalten bemerke ich, dass am späteren Abend bevorzugt Hollywood-Action-Streifen und Thriller gesendet werden, manche mit Untertiteln, andere synchronisiert. Als ich das erste Mal „Das Schweigen der Lämmer“ im Original sah, konnte ich die folgenden Nächte vor Angst nicht einschlafen. Aber Hannibal Lecter auf Serbisch sprechen zu hören, ist eine humoristische Offenbarung. Mein Fernsehabend findet seinen vorläufigen Höhepunkt

in der in bosnischer Sprache synchronisierten Version von „Bad Boys II“ mit Will Smith und Martin Lawrence. Der coole amerikanische Polizei-Ghetto-Slang wird durch das eher langsame und gedehnte Bosnisch ins Lächerliche gezogen, wodurch das Ganze mehr Satire als Action ist. Gerade rechtzeitig zur Szene, in der Martin Lawrence versehentlich eine Ecstasy-Pille einnimmt und sich in einem Bestattungsinstitut vor der brutalen Drogenmafia versteckt, unter einem Tuch neben einer jungen, vollbusigen weiblichen Leiche, trifft Baka zu Hause ein. Kritisch beäugt sie sowohl die Filmszene als auch das Schlachtfeld aus Chipskrümeln und Schokoladenstückchen auf dem Wohnzimmertisch und mein eher fragwürdiges Outfit („Wie kannst du nur so unordentlich gekleidet zu Hause sitzen? Was wäre, wenn jetzt ein attraktiver Mann hier vorbeigekommen wäre?“), doch ich kann die Wogen glätten, indem ich ihr den dramatischen Dialog zwischen „Ernesto“ (der aus dem Koma erwacht ist) und „Jacqueline“ (die Liebe seines Lebens, die jedoch den fiesen Großgrundbesitzer heiraten muss) Wort für Wort samt Mimik, Gestik und Intonation wiedergebe. Baka ist begeistert von meiner Darbietung und setzt sich anlässlich dieses feierlichen Moments noch ein Kännchen Mokka auf. Sie klärt mich auch nicht weiter darüber auf, welcher gutaussehende, unverheiratete, nicht mit mir verwandte junge Mann so spät am Abend bei uns spontan vorbeischauen sollte. Die Parole für alte Jungfern wie mich heißt „Allzeit bereit!“ und ist nicht zu hinterfragen.
Es ist schon weit nach Mitternacht und ich muss mich wieder einmal über die Konstitution der Einheimischen hinsichtlich des nächtlichen Kaffeekonsums wundern. Baka schaut sich mit mir den Rest von „Bad Boys II“ auf Bosnisch an, nicht ohne sämt-

liche Gewaltszenen fachmännisch zu kommentieren („Warum rennen zwei schwarze Amerikaner schwer bewaffnet auf Kuba herum, um einen Drogenring zu zerschlagen? Und seit wann dürfen Schwarze in den USA überhaupt Polizisten werden?"). Ich sehe mich nicht mehr imstande, ihr zu erklären, wie rassistisch ihre Bemerkungen sind, und sie wiederum interessiert sich nicht für meine „Hippie-Ansichten", die Schwarze und Weiße als gleichberechtigt anerkennen.
Es ist mittlerweile fast drei Uhr morgens und auch Jonny kommt endlich von der Arbeit nach Hause. Nachdem er wortlos sämtliche Reste vom Wohnzimmertisch zusammengeklaubt und vor sich aufgereiht hat, lässt er sich neben mich auf die Couch fallen, schnappt sich die Fernbedienung und schaltet einen serbischen Musiksender ein. Wer nun denkt, es ist das übliche MTV-Format in serbischer Sprache, der täuscht sich. Es ist vielmehr eine Musikshow ähnlich der „Ultimativen Chartshow" auf RTL: Sängerinnen und Sänger, die ihre besten Zeiten schon hinter sich haben oder noch nie ihre besten Zeiten erlebt haben, singen herzzerreißende alte oder neu aufgelegte *narodne pjesme*[3] und tanzen mehr oder weniger ansehnlich dazu. Besonders die serbischen Sängerinnen glänzen durch minimale Bekleidung im Stil der 1980er Jahre, halsbrecherische Kunstleder-Stilettos, blondierte oder schwarzgefärbte Dauerwellenmähnen und beeindruckende Oberweiten. Stilistisch ist es eine Zeitreise, musikalisch ist es vielmehr eine schauderhafte Kombination von folkloristischen und Achtzigerjahre-Popmusik-Elementen. Baka ist entsetzt über die „allgegenwärtige Pornografie" im serbischen Fernsehen und ermahnt vor allem Jonny,

3 Bosn./Kroat. Volkslieder.

„diese leichten serbischen Mädchen" nicht ernst zu nehmen, oder gar jemals „eine dieser Art" nach Hause zu bringen.
Jonny und ich bleiben noch eine Weile müde und doch fasziniert vor dem Bildschirm sitzen. Die Musik und die Darsteller erinnern an eine Ära, als der Staat noch ein Teil von Jugoslawien war und Jonny ohne Drohungen und Diskussionen „ein Mädchen dieser Art" – einer anderen Religion oder Ethnizität zugehörend – hätte nach Hause bringen können. Vielleicht. Niemand weiß, ob es jemals so gewesen wäre, denn auch damals herrschte in vielen Familien die strikte Trennung von Religionen. Aber die theoretische Möglichkeit eines solchen Szenarios bestand, vor allem in Bosnien-Herzegowina, dem Teilstaat des ehemaligen Jugoslawiens mit dem höchsten Anteil an Mischehen. Heute sehen wir uns die Fernsehprogramme der jeweils anderen Volksgruppen an, um zu schauen, was „die anderen" machen, bis wir wieder auf unser „eigenes" Programm umschalten – beides total anstrengend.

Familienglück

Als ich an diesem Sommermorgen wie üblich um sieben Uhr aufstand, um mit meiner Familie – und wer sich sonst um diese Uhrzeit in unserem Haus einfand – zu frühstücken, ahnte ich noch nicht, dass eine Bewohnerin unseres Dorfes Regionalgeschichte schreiben sollte. In der Küche angekommen, wunderte ich mich über die Stille: Baka war offensichtlich nicht da und das bedeutete, dass auch keine schnatternden Nachbarn so früh am Morgen unseren Ess- und Wohnbereich belagerten. Mein Cousin Jonny schlief noch und Onkel Bego saß schweigend, eine Zigarette nach der anderen rauchend, auf einem Stuhl am Fenster und blickte hinaus. Ich sah mich fast versucht, den Fernseher einzuschalten, weil ich die ungewohnte Ruhe kaum ertrug, da stürmte Baka auch schon atemlos und verschwitzt in die Küche und verkündete mit schriller Stimme: „Gott mag ihr beistehen! Was hat sie sich dabei gedacht? Wie kann sie so dumm sein? So naiv? Was werden nur die Leute sagen? Sie benimmt sich wie eine Schlampe und denkt, sie sei modern!"

Mit diesen Worten ließ sie sich theatralisch auf einen Stuhl fallen, vergrub ihr Gesicht in den Händen, und begann, laut schluchzend zu weinen. Ich blickte zu Onkel Bego. Er schien in Gedanken versunken und zeigte keine Reaktion. Also blieb es an mir hängen, meine völlig aufgelöste Großmutter wieder in die Normalität zu führen.

Ich reichte ihr ein Taschentuch und legte meinen Arm um ihre Schultern. Langsam verstummte das Schluchzen und sie schaute mich mit verquollenen Augen an: „Helena ist schwanger. Im achten Monat. Und niemand hat es gemerkt."

Helena ist Bakas Patentochter und eine meiner ältesten Freundinnen. In den letzten Jahren hatten wir uns nicht oft gesehen, obwohl sie nur wenige Gehminuten entfernt in ihrem Elternhaus wohnte. Sie arbeitete acht bis zehn Stunden täglich in einem Möbelgeschäft und verbrachte ansonsten ihre Freizeit mit ihrem Freund. Wir hatten uns auseinandergelebt.
„Helena ist im achten Monat schwanger? Das hätte man doch gemerkt. Sie ist zwar etwas füllig, aber schwanger?“ Ich konnte es nicht glauben.
„Sie ist nicht füllig, sondern sieht aus wie ein Walfisch!“, fuhr mich Baka an. „Sie trägt andauernd diese zeltförmigen Klamotten, darin kann man ja keine Figur erkennen. Aber das ist nicht das Schlimmste. Das Schlimmste ist, dass sie nicht heiraten will und das Kind alleine großziehen möchte. So ein moderner Scheiß!“ Die letzten beiden Sätze spuckte sie beinahe aus.
Ich jubelte innerlich: Endlich gab es eine richtige Rebellin in unserem Dorf, die sich gegen die jahrhundertealten, engstirnigen, patriarchalischen Traditionen auflehnte und ihren eigenen Weg ging. Ich konnte mir ein Grinsen nicht verkneifen, was jedoch Baka zu provozieren schien: „Was grinst du so dämlich? Wenn du eines Tages in dieselbe Situation kommen solltest – schwanger und unverheiratet –, dann bin ich fertig mit dir. Es ist mir ganz gleich, ob das in Deutschland oder Amerika normal ist, so zu leben. Bei mir brauchst du keinen Fuß mehr auf die Schwelle setzen.“
Mittlerweile war auch Jonny von Bakas filmreifer Vorstellung wach geworden und hatte sich zu uns gesellt. Als er die Neuigkeiten vernahm, zeigte er sich fassungslos, was allerdings nichts mit Helenas unbemerkter Schwangerschaft zu tun hatte. Er wunderte sich vielmehr über die Tatsache, dass sie überhaupt einen festen Freund und anscheinend auch ein

aktives Sexualleben hatte. Helena war als Teenager dauerverliebt in Jonny gewesen und zeigte dies über Jahre hinweg auf höchst nervige Art. Selbst nach 15 Jahren reichte Jonnys Fantasie nicht aus, um sich Helena in einer gesunden Beziehung vorzustellen. Für ihn blieb sie eine Nervensäge.

Es dauerte nicht lange, da kamen die ersten Nachbarn in unsere Küche und diskutierten ausführlich und in voller Lautstärke Helenas „sündiges Verhalten“, unterbrochen von Wehklagen und ungläubigem Kopfschütteln. Jonny und ich entschieden, uns selbst ein Bild von der Situation zu machen und persönlich bei Helena vorbeizuschauen. Ich wollte ihr sagen, wie sehr ich ihren Mut bewunderte, und beschloss, ihr meine Unterstützung anzubieten.

Als wir an ihrem Haus ankamen, herrschte bereits das totale Chaos. Helenas Mutter weinte unaufhörlich. Ihr Vater sprach kein Wort, doch sein fassungsloser, enttäuschter Blick sprach Bände. Weitere Angehörige, Nachbarn und *kumovi* (die Paten) hatten sich im Wohnzimmer versammelt und versuchten einerseits, Helenas Mutter zu beruhigen, und versorgten sich andererseits mit immer neuen, erfundenen Details über Helenas Schwangerschaft und ihren Freund. Angewidert von diesem maßlosen Tratsch, ging ich direkt zu Helenas Zimmer. Ich klopfte an und eine gefasste, geradezu zufrieden dreinblickende Helena öffnete mir die Tür. „ Musste ich erst für einen Skandal im Dorf sorgen, damit du dich mal wieder blicken lässt?“ Ich war überrascht, denn Sarkasmus und Gelassenheit in Krisensituationen gehörten früher nicht zu Helenas Reaktionsrepertoire. Die letzten Jahre musste sie eine Wandlung mitgemacht haben und ich hatte sie verpasst.

Ich umarmte sie, immer noch beseelt von meinem Motto „Solidarity, sister!“ und kam gleich zum Punkt:

„Herzlichen Glückwunsch! Ich konnte es nicht glauben, als Baka erzählte, du seist schwanger und planst, das Kind alleine großzuziehen. Ich finde das bewundernswert. Wenn du Hilfe brauchst, melde dich. Ich bin für dich da."
Meine solidarischen Worte schienen bei Helena Gleichgültigkeit auszulösen. „Wobei willst du mir denn helfen? Du lebst doch gar nicht wirklich hier. Wenn du keine Lust mehr auf unser Dorf hast, gehst du zurück nach Deutschland oder Amerika oder wo auch immer du dich auf diesem Planeten herumtreibst. Leb dein Leben dort, wie du willst. Aber bitte kommentiere nicht meine derzeitige Situation. Du hast nämlich keine Ahnung, wie ich mich momentan fühle und was ich brauche. Du traust dich ja nicht einmal, deiner Baka zu sagen, dass du mit Bruno ausgehst. Oder weiß sie von euren spätabendlichen Knutschereien 200 Meter vor eurem Haus?"
Letzteres sagte sie mit einem süffisanten, fast hinterhältigen Lächeln. Es war klar, dass ich meine noch relativ frische Beziehung mit Jonnys Freund und Mitarbeiter nicht bis in alle Ewigkeit geheimhalten konnte, auch wenn es mir das Liebste gewesen wäre. Jonny würde skeptisch reagieren, und Baka würde vermutlich durchdrehen, weil er ein Kriegsinvalide war. Eine Granate hatte Bruno drei Finger der rechten Hand abgetrennt, weshalb er von seinen Freunden nur *Šapina* (Klaue) genannt wurde. Hinzu kam das allgegenwärtige posttraumatische Stresssyndrom, das sich seit seiner Entlassung aus bosniakischer Kriegsgefangenschaft in erster Linie in Gestalt von Nervosität und Schlaflosigkeit äußerte.
Ausgerechnet Helena hatte mich durchschaut und trotz ihrer harschen Worte freute ich mich darüber. Wir hatten wieder eine Verbindung zueinander gefunden. Bei dem Gedanken, von meiner Freundin

Auf der Bundesstraße zwischen Mostar und Livno.

Selbst gebaute Ofenkonstruktion, die vor allem bei Familienfesten im Freien in Betrieb genommen wird.

Gedenkstein zur Erinnerung an den Bürgerkrieg in der Altstadt von Mostar.

Zerstörtes Gebäude in Mostar (1995)

Altstadt von Mostar.

Tito-Nostalgie an den Souvenirständen in Sarajevo.*

Verbotsschild am Eingang zum Stadtpark in Mostar.

Ebene an der Bundesstraße zwischen Mostar und der kroatischen Grenze.

* Übersetzung: „Genosse Tito, komm' zu uns zurück, Dich lieben die 'Muslime, Serben und Kroaten', Du hast uns bestohlen und es uns gegeben, diese hier stehlen und geben nichts zurück."

Ein Dorfbewohner hebt sein eigenes Grab aus.

Moschee in der Altstadt von Sarajevo.

Im Zentrum von Sarajevo.

St. Jakobskirche in Međugorje

Brückenspringer auf der Alten Brücke in Mostar.

„Zwillingstürme" des Bosmal City Centers in Sarajevo.

Kleines Dorf in der Nähe von Sarajevo.

Winterlandschaft im Skigebiet Rujište.

Bäuerin in einem Bergdorf beim Holzsammeln.

Granatapfelbaum, der nahezu überall in Bosnien-Herzegowina wächst.

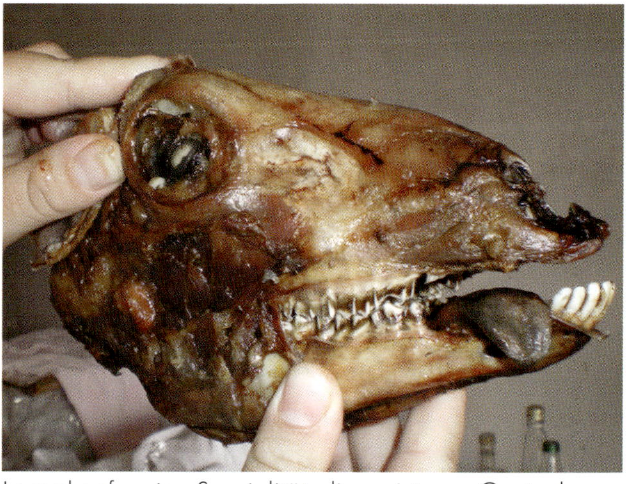

Lammkopf – eine Spezialität, die meist vom Gastgeber verspeist wird.

Traditionelle Kaffeemühlen, die in der Altstadt von Sarajevo zum Verkauf angeboten werden.

Traditionelle Kopfbedeckung bosnischer Männer.

Typische Tafel bei einem Familienfest, auf der niemals selbstgebackenes Brot und selbstgebrannter Schnaps fehlen darf.

Braut auf dem Weg aus ihrem Elternhaus. Nationalfahnen (hier: die kroatische Fahne) signalisieren, dass eine Hochzeit gefeiert wird.

Hochzeitsgesellschaft beim traditionellen Tanz im Anschluss an den Traugottesdienst auf dem Kirchenvorplatz.

„erwischt“ worden zu sein, musste ich lachen. Helena sah mich verwundert an, stimmte jedoch schnell in mein Gelächter ein. Sie erzählte mir in groben Zügen, was sich in den letzten drei Jahren in ihrem Leben ereignet hatte: wie sie ihren Freund Damijan kennen- und lieben gelernt hatte. Wie sie geglaubt hatte, in ihm die große Liebe gefunden zu haben. Wie sie mit ihm immer wieder über das Thema „Familiengründung“ versuchte zu sprechen. Wie er sich der Vorstellung, sie zu heiraten und mit ihr eine Familie zu gründen, immer mehr verschloss, bis sie sich letztendlich von ihm trennte. Wie sie die Trennung vor ihrer Familie verheimlichte, um nicht über ihre Gefühle sprechen zu müssen. Wie sie die Angst in sich spürte, mit 31 Jahren keinen Partner mehr zu finden, mit dem sie ihre Zukunftsvorstellungen realisieren kann. Wie sie bei einem Betriebsausflug an der Adriaküste die Gelegenheit ergriff und bei einem One-Night-Stand bewusst auf Verhütung verzichtete. Wie sie einige Wochen später feststellte, dass sie schwanger war. Wie sie monatelang nicht den Mut aufbrachte, ihren Eltern die geplante Schwangerschaft zu gestehen. Wie sie sich hin und wieder Vorwürfe machte, dem Kind ein Leben lang den leiblichen Vater vorenthalten zu müssen. Und wie sehr sie sich trotz aller Probleme auf das Baby freute.
Irritiert von ihrem berechnenden Wesen, jedoch überwältigt von ihrer Entschlusskraft, umarmte ich sie ein weiteres Mal und hielt sie ganz fest. In diesem Moment kam Jonny herein und setzte sich in sicherem Abstand von Helena auf einen Stuhl. Die ganze Situation war ihm sichtlich unangenehm.
„Helena, *šta ima*?[1] Du siehst … irgendwie anders aus.“

1 Bosn./ Kroat./ Serb. (umgangsspr.) Was geht ab?

„Irgendwie anders? Gefalle ich dir jetzt etwa, nachdem du mich all die Jahre abgewiesen hast?", fragte sie mit einem sarkastischen Lächeln. Langsam erhob sie sich und ging in betont lässiger Art auf Jonny zu. Dieser begann, sich auf seinem Stuhl zu winden und bereute offensichtlich, zu uns ins Zimmer gekommen zu sein.
„Helena, hör auf mit dem Quatsch. Du bist so schwanger, dass ich Angst habe, das Kind könnte jeden Moment herausschießen."
„Jonny, hast du wirklich geglaubt, ich würde mit dir flirten? Ich bin im achten Monat schwanger, ich kann meine Füße nicht sehen, so dick ist mein Bauch. Meine Eltern drehen total durch und das ganze Dorf mischt sich in meine Angelegenheit ein. Ich habe wirklich andere Sorgen." Mit diesen Worten versetzte sie ihm einen leichten Klaps auf den Hinterkopf und schleppte sich wieder zurück auf die Couch. Ich konnte beim Anblick von Jonnys konsterniertem Blick ein Lachen nicht unterdrücken. So angespannt hatte ich meinen Cousin schon lange nicht mehr gesehen.
„*Slušaj*,[2] Helena, ich bin eigentlich nur ins Zimmer gekommen, um dir zu sagen, dass der Priester gleich hier sein wird. Deine Mutter hat ihn angerufen. Er soll dich zur Vernunft bringen. Was auch immer das heißen mag."
Helena rollte mit den Augen, erhob sich schwerfällig von der Couch, schaute Jonny und mich an und sagte: „Kommt mit! Dieses Spektakel dürft ihr euch nicht entgehen lassen."
Im Gänsemarsch trotteten wir ins Wohnzimmer, wo unser junger Dorfpriester Don Mateo bereits wartete. Er begrüßte Helena und fragte sie, ob sie unter vier Augen reden könnten. Die beiden verließen

2 Bosn./ Kroat./ Serb. Hör mal (zu)!

das Haus, um sich bei einem Spaziergang ungestört zu unterhalten. Wir anderen warteten im Wohnzimmer. Ich machte mich ein wenig nützlich und räumte die benutzten Gläser und Teller in die Küche. Ganz gleich wie schwerwiegend das Problem: In Bosnien-Herzegowina wird alles gerne mit einem reichhaltigen Essen angegangen. Die Nachbarn hatten tatsächlich Schinken- und Käseplatten, Kuchen und *Uštipke* mitgebracht, einen Teig aus Mehl, Wasser und Speiseöl, der in heißem Fett ausgebacken und wie Brot zu Schinken und Käse serviert wird. Helenas Tante hatte den ganzen Morgen einen Mokka nach dem anderen aufgesetzt.

Nach einer knappen Stunde kehrten Helena und Don Mateo wieder zurück, beide sichtlich guter Laune. Vor allem Helena sah geradezu glücklich aus. Don Mateo hielt eine kurze Ansprache, in der er Helenas Familie und alle Anwesenden aufforderte, Helena bis zur Geburt und auch danach zu unterstützen, anstatt sie zu verurteilen, auch wenn sie einen anderen Weg hätte gehen sollen. Schließlich seien wir ausnahmslos Kinder Gottes und unsere ganze Aufmerksamkeit solle nun dem Wohl des Kindes geschenkt werden. Dann verabschiedete er sich und hinterließ eine sprachlose Menschenmenge. Sogar Helenas Mutter hatte aufgehört zu weinen. Jonny durchbrach die Stille, indem er eine Flasche selbstgebrannten Schnaps öffnete, Helenas Vater und sich selbst ein Glas einschenkte und mit ihm darauf anstieß, dass er bald Großvater werden würde.

Es war wie in einem kitschigen Hollywood-Film: Nachdem Don Mateo klare Worte geäußert hatte und sich weigerte, aus Helena eine moderne Maria Magdalena zu machen, schienen alle Skeptiker wie verwandelt. Jonny und Helenas Vater beließen es nicht bei einem Glas Schnaps und fielen an diesem Abend

mit einem gehörigen Rausch in ihre Betten. Doch es sollte noch kitschiger werden.
Etwa drei Wochen nach jenem historischen Enthüllungstag brachte Helena ein gesundes Mädchen namens Lucija zur Welt, benannt nach Helenas Patentante, meiner Oma. Es stellte sich heraus, dass Baka Helena in jeglicher Hinsicht unterstützt hatte, seit sie von ihrer Schwangerschaft erfahren hatte. Helena lebte weiterhin bei ihren Eltern, die auf Lucija aufpassten, während sie im Möbelgeschäft arbeitete. Helenas Eltern sind – wie der Rest des Dorfes – völlig verzaubert vom jüngsten Familienmitglied und freuen sich, Großeltern zu sein. Es beeindruckt mich ein weiteres Mal, wie in diesem Land Familien in nahezu allen Situationen zusammenhalten und das Beste aus jeder Lage machen, selbst wenn sich kurz zuvor regelrechte Dramen abspielen.
Acht Wochen nach der Geburt fand die Taufe statt. Mir wurde die Ehre zuteil, Taufpatin zu werden, mit der Auflage, das Kind zu einem freiheitsliebenden, rebellischen Menschen mit zu erziehen. Don Mateo taufte Lucija, nicht ohne zu erwähnen, dass sich im optimalen Fall zwei Elternteile, bevorzugt verheiratet, um das Wohl des Kindes kümmern. Don Mateo trug mit seinem Verständnis für Helenas Situation und seinem Appell an ihre Verwandten und Freunde erheblich zur Verbesserung seines eigenen Images bei. Die Sonntagsgottesdienste waren fortan jede Woche so gut besucht, als ob es Ostern und Weihnachten zugleich wäre. Auch ich gehörte zu seinen „Groupies". Don Mateo, der junge, besonnene, progressive Priester, stellte eine Ausnahme in der konservativen katholischen Kirche dar. Zudem war er erst vor etwa acht Monaten in unser Dorf entsandt worden, nachdem er seine frühere Gemeinde mit seinen „modernen Ansichten" gegen sich aufgebracht hatte. Seine Verset-

zung sollte ein Segen für unsere ein wenig eigenwillige, doch lernfähige Glaubensgemeinschaft sein.
Bruno begleitete mich zur Taufe und ich stellte ihn offiziell meiner Familie vor. Entgegen allen Befürchtungen störte sich niemand an unserer Beziehung. Im Gegenteil, es herrschte allgemeine Freude über die Tatsache, dass mein Singledasein vorerst beendet war. Es gab wieder Hoffnung für mich, die 30-jährige alte Jungfer. Dies grenzt nahezu an ein Wunder, wie mir Verwandte und Nachbarn immer wieder versicherten. In einem Land, in dem das durchschnittliche Heiratsalter bei Frauen ungefähr 25 Jahre beträgt, zählen persönliche Reife und ein breiter Erfahrungshorizont nur, wenn sie trotzdem eine relativ frühe Eheschließung erlauben.
Baka schloss Bruno sogleich in ihr Herz und schlug ihm in ihrer pragmatischen Art vor, er könne gemeinsam mit Onkel Bego eine psychotherapeutische Behandlung in Anspruch nehmen, um das post-traumatische Stresssyndrom zu heilen. Sie habe gehört, es gebe Gruppenrabatt für Kriegsveteranen, und das gesparte Geld könne er dann für unsere Hochzeit verwenden. Oder für eine Prothese.
Nicht einmal Jonny hatte etwas gegen unsere Beziehung. Seit einigen Wochen verbrachte er verdächtig viel Zeit mit Helena. Er wich nicht von Helenas Seite, als die Wehen begannen, fuhr sie ins Krankenhaus und wartete stundenlang im Flur der Entbindungsstation. Lucija wickelte ihn sofort um ihren kleinen Finger und auch ihre Mutter schien ihn zu faszinieren. Er gab es nicht zu, aber es war offensichtlich, dass er sich nach all den Jahren in die neue, starke Helena verliebt hatte.
Es ist fast zu kitschig, um wahr zu sein.

„Dann öffnen Sie bitte mal den Kofferraum …“

„Dann öffnen Sie bitte mal den Kofferraum“, fordert mich der Grenzbeamte an der Grenze zwischen Kroatien und Bosnien-Herzegowina auf. Er scheint geradezu gelangweilt, das Hemd seiner Uniform ist viel zu weit aufgeknöpft und in seinem rechten Mundwinkel hängt ein Zahnstocher, auf dem er immer wieder herumkaut. „Ich muss mir ein genaueres Bild von ihrem Gepäck machen.“ Mit diesen Worten bewegt er sich in Zeitlupentempo zum Kofferraum. Das Passieren der Grenze nach Bosnien-Herzegowina ist jedes Mal ein spannendes Unterfangen, nicht zuletzt weil die Genehmigung zur Einreise bisweilen von der Laune der Zollbeamten abhängen kann.
Ich atme tief durch, zwinkere meinem Cousin Jonny auf dem Beifahrersitz zu und steige betont langsam aus dem Auto aus, um meinen kurzen Rock besonders zur Geltung kommen zu lassen. Jonny und ich sind überzeugt, mit Hilfe meines Outfit bestens auf das Passieren der Grenze vorbereitet zu sein. Ich trage den kürzesten Rock, den ich im Schrank finden konnte, und wir glauben, meine Beine können vom Verdacht der illegalen Wareneinfuhr ablenken. In unserem Kofferraum befinden sich Alkoholika, die nicht nach Bosnien-Herzegowina eingeführt werden dürfen, aber wir haben sie unter einem Berg von Schmutzwäsche versteckt.
Ich schlendere zum Kofferraum und spüre, wie bei dem Gedanken an den Berg stark riechender Schmutzwäsche Schadenfreude in mir aufsteigt. Er würde sich durch alles hindurchwühlen müssen, um die Weinflaschen zu finden, und das alles ohne Handschuhe.

„Bitte sehr. Schauen Sie sich um", biete ich dem Beamten mit einer einladenden Handbewegung an, nachdem ich den Kofferraumdeckel angehoben hatte. Ich kann mir ein überlegenes Lächeln nicht verkneifen, er jedoch scheint weiterhin sichtlich unbeeindruckt von meiner filmreifen Vorstellung.
„Holen Sie bitte mal die schwarze Tasche nach vorne", sagt er und zeigt auf Jonnys Reisetasche, die sich ganz hinten in der linken Ecke des Kofferraumes befindet. Ich bin mir nicht sicher, ob in dieser Tasche Flaschen sind, aber ich werde mich mit meiner gesamten Körperlänge in den Kofferraum lehnen müssen, um sie zu erreichen. Sofort ist mir klar, worauf die Aufforderung hinausläuft: Ich würde mich so weit nach vorne beugen müssen, bis mein Rock noch ein Stück hochrutschen würde. Und täte ich es nicht, könnte das zu Problemen führen, soviel steht fest. Also spielen wir beide das Spiel, bei dem ich mich nach vorne beuge, bis ich mir vorkomme, als hätte ich kaum noch etwas an. Im Gegenzug hole ich lediglich Taschen hervor, die keinerlei verdächtige Gegenstände enthalten oder die Sicht darauf freigeben würden.
„Nein, ich sagte, Sie sollen die Tasche hinten links herausnehmen", weist er mich zurecht, nachdem ich ihm mit unschuldigem Blick die rote Tasche aus der rechten Ecke überreiche.
„Oh, das tut mir leid. Da habe ich Sie wohl falsch verstanden", entschuldige ich mich sofort und greife wieder bewusst zu einer Plastiktüte, die ich ihm in die Hand drücke.
„Nein, nicht die Plastiktüte", erwidert er genervt und rollt demonstrativ mit den Augen.
„Entschuldigen Sie nochmals. Ich verwechsle andauernd rechts und links", sage ich beschämt und wundere mich über mich selbst und seine Geduld.

Ich stelle mich noch etwas länger dumm und reiche ihm nach und nach falsche Taschen an, bis der Grenzbeamte endlich von meinem Anblick und meinem debil wirkenden Verhalten genug hat und mir bedeutet, alles wieder in den Kofferraum zu räumen und weiterzufahren.
Dieser Aufforderung komme ich in Windeseile nach und ich springe geradezu auf den Fahrersitz, um endlich von hier wegzukommen. Als ich im Auto sitze bemerke ich, dass sich Jonny noch immer mit zwei anderen Grenzbeamten diskutiert.
„Hast du den Verstand verloren? Oder bist du etwa schwul? Kannst du uns erklären, warum du eine Frau ein so schnelles Auto fahren lässt?" fährt ihn der ältere von den beiden Männern an.
„Nein, ich bin nicht schwul. Ehrlich nicht", rechtfertigt sich Jonny schnell.
„Hör mal zu, mein Freund. Wenn du nicht gerade tot im Auto liegst, gibt es keinen Grund, eine Frau ans Steuer zu lassen. Sogar völlig betrunken fahren Männer besser", führt der Ältere aus.
„Besonders, wenn sie betrunken sind", lacht der Jüngere mit dem Dreitagebart.
Jonny blickt sich kurz hilflos zu mir um und versucht, die Situation zu retten, ohne weitere Beleidigungen erdulden zu müssen.
„Ich lasse sie zwar fahren", setzt er an, „aber ihr könnt euch sicher sein, dass sie sich während der Fahrt eine Menge anhören muss. Sie kapiert einfach nicht, wann man schalten muss und wie man sich richtig in die Kurven legt auf der Magistrale." Jonny schüttelt ungläubig den Kopf, um meine angeblich mangelnden Fähigkeiten als Autofahrerin zu unterstreichen.
Die Männer lachen und klopfen ihm auf die Schulter. Seine Männlichkeit und sein Ansehen sind dank frauenfeindlicher Bemerkungen bei den beiden wie-

der hergestellt und wir können endlich Richtung Heimat losfahren.
„So eine ätzende Situation habe ich noch nie erlebt. Ich schäme mich für meine Geschlechtsgenossen und Landsleute“, sagte Jonny und schüttelte sich dabei. Wir schweigen. Obwohl wir dachten, die Beamten mit ihren eigenen Vorurteilen zu schlagen, wird uns das Passieren der Grenze auch dieses Mal negativ in Erinnerung bleiben. Aber man hat Bosnien-Herzegowina nicht erlebt, wenn man nicht mindestens einmal an einem der Grenzübergänge ausgiebig schikaniert wird. Ganz gleich, ob man von Montenegro, Kroatien oder Serbien aus versucht, die Grenze zu passieren, es ist immer eine Überraschung, wie viel Geduld und Selbstbeherrschung erforderlich sein werden, um ins Land gelassen zu werden. Denn erst in dem Moment, in dem die Schikane endet, beginnt der Urlaub. Schon zu sozialistischen Zeiten war es stets ein Abenteuer, ob und wie lange das Auto durchsucht werden würde – und wie viel es unter Umständen kosten würde, überhaupt jemals die Grenze passieren zu dürfen.
In den 1980er Jahren fuhren wir wie jede ordentliche jugoslawische Familie alljährlich zu Beginn der Sommerferien bis unter das Dach bepackt in die Heimat, vorzugsweise in einem kleinen engen Auto. Zu viert in einem Citroën Visa zu sitzen, mitsamt Gepäck, Geschenken und allerlei angeblich notwendigen Utensilien, um den Hausbau „zu Hause“ voranzutreiben, definiert das menschliche Raumempfinden in ganz neuer Art und Weise. Ich saß eingepfercht auf der Rückbank, in der Regel neben meiner Großmutter, unter meinen Füßen Reisetaschen, auf der Ablage hinter mir Klamotten und zwischen Baka und mir lag meistens mein Rucksack mit Büchern, Comics und einem Walkman, denn die

24 Stunden Fahrt durch Deutschland, Österreich, Slowenien, Kroatien und Bosnien mussten schließlich irgendwie überbrückt werden. Es war jedes Jahr eine Tortur, aber diese gehörte genauso zum Urlaub wie die Freude bei der Ankunft. Aber was wäre der vier- bis sechswöchige Sommerurlaub ohne den Nervenkitzel an der Grenze gewesen? Und damit es noch mehr zu erleben gab, bestand auch bei der Rückfahrt die realistische Chance, erneut akribisch durchsucht zu werden und eine weitere Geldstrafe zu erhalten. Es war und ist nämlich illegal, *pršut*, den geräucherten Schinken, sowie selbstgebrannten Trauben- und Pflaumenschnaps in großen Mengen auszuführen.
Alljährlich transportierten wir außerdem „heiße Ware" von Deutschland nach Jugoslawien, und manchmal hatte ich das Gefühl, die Schmuggelei würde im Mittelpunkt stehen, nicht unser Urlaub. Baka befahl mir jedes Mal, mich schlafend zu stellen, wenn wir uns der jugoslawischen Grenze näherten - eine Sicherheitsmaßnahme, damit ich nicht auf die Frage „Haben Sie etwas zu verzollen?" mit kindlicher Ehrlichkeit antwortete: „Nein, wir haben doch nur eine Bohrmaschine, einen Fernseher, eine Stereoanlage und einen Rasenmäher dabei." Also legte ich meinen Kopf brav einige Kilometer vor dem Grenzübergang auf Bakas Schoß und kniff die Augen zusammen. Fast immer hatten wir Glück und durften passieren, ohne unser Auto komplett ausräumen zu müssen. Vielleicht bekamen die Beamten auch ein *bakšiš* (eine kleinere Summe Bestechungsgeld) zugesteckt und winkten uns daraufhin durch. Ich werde es nie erfahren, denn meine Augen waren tatsächlich jedes Mal fest verschlossen.
Einmal jedoch nützte es nichts, ein angeblich schlafendes Kind im Auto zu haben: Wir wurden an den

Straßenrand gewunken, dann begannen zwei Beamte, rücksichtslos alle Taschen, Koffer und Pakete zu durchwühlen. Es war spät in der Nacht und ich hatte Angst, dass wir alle wegen Schmuggelei ins Gefängnis kommen würden oder zumindest die ganze Nacht auf dem Seitenstreifen verbringen müssten, zusammen mit drei grimmig dreinschauenden Zöllnern und zwei Schäferhunden. Nachdem jedes einzelne Teil ausgeräumt war, wurde unser Wagen für „sauber" befunden und wir durften weiterfahren – was wir erst eine Stunde später konnten, nachdem alles wieder notdürftig in die Taschen und Koffer gepresst worden war. In dieser Nacht schafften wir es noch bis ins slowenische Maribor und übernachteten in einem Hotel im Zentrum der Stadt. Es roch muffig, der Boden war mit fleckigem rotem Velour-Teppich ausgelegt und über dem Sekretär hing ein Konterfei von Jugoslawiens oberstem Partisanen Tito. Ich empfand das Zimmer als Paradies auf Erden und war mir sicher, einem Leben im Gefängnis entgangen zu sein. Meine Großmutter schien angesichts der allgemeinen Erleichterung das eiserne sozialistische Gebot des Schweigens vergessen zu haben und beschwerte sich lautstark beim ohnehin übermüdeten Concierge, dass sie unmöglich schlafen könne, wenn Tito auf sie herabblicke. Sie denke nicht einmal daran, sich das Zimmer mit einem Verbrecher zu teilen. Es gibt Momente, da wirkt es, als wäre sie völlig von Sinnen. Aber sie hatte Glück, gerade diesen Concierge vor sich zu haben. Wäre er ein treues Mitglied der Partei gewesen, wäre sie in jener Nacht zwar nicht wegen der Einführung illegaler Waren ins Gefängnis gewandert, aber wegen „unjugoslawischen Verhaltens".
Meine Grenzüberquerung von Kroatien nach Bosnien-Herzegowina im Jahr 2007 stellt den bis heute unangefochtenen Höhepunkt absurder Grenzerfah-

rungen dar. Vollbepackt wie immer fuhr ich in einem schneidigen deutschen Mittelklassewagen neueren Modells am Grenzposten vor. Die Atmosphäre zwischen dem diensthabenden Beamten und mir schien von Anfang vergiftet gewesen zu sein, denn er bot mir keine Chance, meinen Charme spielen zu lassen. Wohlwissend, dass keiner der Gegenstände in meinem Wagen mich in Schwierigkeiten bringen konnte, nahm ich sein Machtgehabe gelassen hin und gönnte ihm diesen kleinen, neo-sozialistischen Power-Trip. Geld würde er von mir jedenfalls keines sehen, soviel war sicher.
„Ich brauche eine schriftliche, beglaubigte Vollmacht, die beweist, dass Sie dieses Auto fahren dürfen", rügt mich der Zollbeamte.
„Das Auto ist auf meinen Vater zugelassen. Sehen Sie, wir haben denselben Nachnamen", sage ich und zeige auf den Fahrzeugschein.
Er lacht kurz auf. „Ach Mädchen, der Nachname sagt doch heute gar nichts mehr aus. „In Bosnien-Herzegowina sind derzeit kriminelle Autoschieberbanden am Werk. Mit Hilfe junger Fahrerinnen, die weniger Verdacht erregen, werden die gestohlenen Wagen ins Land gebracht."
All meine Beteuerungen, mit dem Einverständnis meines Vaters zu reisen, führten zu nichts. Er blieb bei seiner Einschätzung, ich könnte eine potentielle Kriminelle sein. Deshalb beschloss ich, meinen Vater vom Handy aus anzurufen. Ich schilderte ihm die Situation, in der ich mich befand, und bat ihn, dem Beamten zu bestätigen, dass ich das Auto fahren dürfe. Mein Vater hatte es nicht ganz so eilig, mich aus der Misere zu befreien, lachte erst einmal schallend und rief die ganze Familie ans Telefon. Er hatte natürlich die Lautsprecherfunktion eingeschaltet, damit alle zu Hause das Gespräch mit anhören konnten, in dem er

für meine Integrität einstand. Vermutlich war es aber gerade meine lachende Familie, die den Grenzbeamten überzeugt hat, dass ich zumindest keine Autoschieberin war. Ich hätte auch gelacht, wenn ich nicht schon 18 Stunden Fahrt hinter mir gehabt und das Thermometer 39 Grad angezeigt hätte.
Statt mich weiterfahren zu lassen, schien sich der Beamte jedoch gedemütigt zu fühlen. Zwar gehörte ich nicht mehr zur Automafia, vielleicht konnte er mir aber ein anderes Delikt nachweisen. Das findet man leicht heraus, indem man befiehlt, den gesamten Wagen auszuräumen. Da waren sie wieder, die bekannten, schneidenden Worte: „Dann öffnen Sie bitte mal den Kofferraum!"
Um ihn nicht unnötig zu provozieren, begann ich ohne Widerworte alle Gepäckstücke fein säuberlich am Straßenrand aufzureihen, während ich darüber nachdachte, ob ich ihn lieber mit meinem Wagen überfahren oder von einem steilen Küstenabschnitt stürzen sollte. Er genoss seine Überlegenheit, allerdings nicht lange. „Das ist nur Kleidung", sagte er beinahe enttäuscht. „Warum müssen Frauen immer mit so vielen Kleidungsstücken und Schuhen reisen?" Er schüttelte den Kopf und beendete seine Durchsuchung.
Ich war gerade dabei, meine Taschen wieder einzuräumen, da hellte sich seine Miene plötzlich auf: Er hatte eine Solarlampe in Form einer Schildkröte entdeckt. Die Schildkröte sollte ein Geschenk für meine Großmutter werden, die solchen Tand äußerst dekorativ findet – für viele Bewohner des Balkans muss es nur aus Plastik sein und leuchten oder blinken, schon werden sie auf magische Weise von dem Objekt angezogen. Außerdem denkt Baka aus irgendeinem, nur für sie selbst verständlichen Grund, dass herumstreunende Katzen und Hunde davon abgeschreckt würden.

Der Beamte schnappte sich die Schildkröte und befahl in strengem Ton: „Ich möchte auf der Stelle den Beleg für dieses Objekt sehen."
„Ich habe keinen Beleg hierfür. Es ist ein Geschenk für meine Großmutter", entgegnete ich, verwundert über seinen Tonfall. „Aber ich garantiere Ihnen, dass die Solarschildkröte von keinem großen Wert ist. Sie hat nicht mal zehn Euro gekostet."
Er glaubte mir nicht, zum zweiten Mal.
Wir diskutierten eine knappe halbe Stunde hin und her, bis ich endgültig die Geduld verlor: „Wissen Sie was? Ich habe keine Lust mehr. Wegen mir können Sie sich diese dämliche Schildkröte sonst wohin stecken."
Er nahm meinen Affront ruhig hin und fragte mit einem süffisanten Lächeln: „Ganz ruhig. Heißt das also, Sie können den legalen Erwerb der Schildkröte nicht nachweisen?"
„So ist es. Sie haben mich erwischt", erwidere ich sarkastisch. „Ich habe vor, Solarschildkröten massenweise nach Bosnien-Herzegowina einzuführen und sie hier für den doppelten oder gar dreifachen Preis zu verkaufen."
In jedem anderen Land der Welt hätte ich mir niemals erlaubt, derartig respektlos gegenüber Staatsdienern zu sein. Oder ich wäre längst abgeführt worden. Nicht so in diesem Flecken Europas: Auch das Wissen um Formen stärkerer verbale Auseinandersetzungen gehören zum ganz gewöhnlichen Kommunikationsrepertoire. Und je niveauloser ein Streit, umso unterhaltsamer ist er für alle Unbeteiligten. Leider aber gehört Sarkasmus nicht zum Repertoire, so dass mein verbaler Seitenhieb nicht gewürdigt oder gar verstanden wurde. Wir befanden uns in einer scheinbar ausweglosen Situation, in der keinem von uns mehr etwas zu sagen einfiel.

Nach einer Weile des Schweigens und langen misstrauischen Blicken des Grenzbeamten, schien er mich loswerden zu wollen, überreicht mir meine Papiere und verwarnte mich: „Na gut. Dieses Mal lasse ich Sie gehen. Aber nächstes Mal kommen Sie mir mit dieser aufsässigen Art nicht mehr durch. Ich werde Sie wegen ... wegen Beamtenbeleidigung anzeigen!"
Als ich etwa drei Stunden später bei meiner Großmutter ankam, war mir mein Ruf als vermeintliches Autoschieberbandenmitglied und Solarschildkröten-Dealerin bereits vorausgeeilt. Mein Vater hatte Baka vor Stunden angerufen und sie wiederum musste es jedem, der vorbeikam, zur Erheiterung erzählt haben. Die halbe Nachbarschaft hatte sich auf unserer Terrasse versammelt, um die Geschichte ein weiteres Mal aus meinem Munde zu hören.
Nach der dringend notwendigen Dusche saß ich noch eine Weile mit meinem Cousin Jonny auf dem Balkon und wir genossen mit einem kühlen Bier in den Händen die nächtliche Stille. Über uns leuchtete der Mond, unter uns die dämliche Schildkröte, umringt von drei Katzen. Wieder einmal hatte ich es geschafft, unter Schikanen die Grenze zu überqueren. Die Erholung konnte beginnen.

Die neue Alte Brücke

Darko und ich sitzen wieder einmal am Ufer der Neretva in der Altstadt von Mostar. Hier haben wir schon als Kinder geplanscht oder den jungen Männern dabei zugesehen, wie sie von der Alten Brücke in den klaren, grünen Fluss gesprungen sind, der mitten durch die Stadt fließt. In den letzten Jahren sind wir nicht mehr zusammen schwimmen gegangen, denn laut seiner und meiner Großmutter ziemt es sich für ein unverheiratetes Paar nicht, sich gemeinsam halbnackt beim Baden zu vergnügen. „Was sollen denn die Leute denken?" ist der am häufigsten verwendete Satz, wenn es darum geht, solche und ähnliche Situationen zu verhindern. Ich komme nur zwei- bis dreimal im Jahr zu Besuch und bin trotzdem schon lange von der vorherrschenden Kleingeistigkeit und Intoleranz genervt, wie muss es da erst Darko gehen, der hier ständig lebt. Ich kann mit meiner Abreise alles hinter mir lassen, doch er wäre dem Tratsch und den Gerüchten um unsere angebliche Liebesbeziehung ausgesetzt. Also gehen wir nicht schwimmen und unternehmen auch sonst nur Dinge, die möglichst viel Bekleidung erfordern.
Seit ich denken kann, sind Darko und ich befreundet. Er ist ein Jahr älter als ich und seine Großmutter ist die beste Freundin und Nachbarin meiner Großmutter. Wir haben beide während unserer Kindheit viel Zeit bei unseren Großeltern verbracht und wurden zunächst Spielkameraden und später Freunde. Es gab und gibt jedoch den besagten wichtigen Unterschied: Darko lebt hier und ich in Deutschland. Wenn ich mich den gesellschaftlichen Konventionen in dieser viel zu kleinen Stadt nicht fügen möchte, werden die Leute mit leicht säuerlicher Miene darü-

ber hinweg sehen. Schließlich bin ich ja eine *švabica*, wie man mich als Deutsche nennt. Eine, die nur während der Sommermonate aus der *dijaspora* zu Besuch kommt und nach ein paar Wochen wieder nach Deutschland zurückkehrt. Eine, die die hiesigen Sitten und Traditionen nicht gut genug kennt, um sie zu achten, da sie schon so lange in der Fremde lebt. Diese Freiheit hat Darko nicht.

Wir haben uns seit einem Jahr nicht gesehen, doch es scheint, als habe er sich kein Bisschen verändert. Er ist braungebrannt, wie jeden Sommer, und er versucht noch immer, seine dunkelbraunen Locken mit Gel zu zähmen, obwohl es schon seit 25 Jahren ein aussichtsloser Kampf ist, den man mit Hilfe von Pflegeprodukten nicht gewinnen kann. Er sitzt neben mir und ich ahne, dass gleich eines dieser grundsätzlichen Warum-ist-das-Leben-so-kompliziert-Gespräche beginnen wird, obwohl die Temperatur gefühlte 45 Grad Celsius beträgt und ich am liebsten ohne Klamotten in den Fluss springen würde. Mit ihm oder alleine, es wäre mir egal.

Stattdessen schaue ich neidisch zu den Menschen im Wasser unter der Brücke, die sich unweit von uns meterhoch erhebt: Die Alte Brücke von Mostar, die jahrhundertelang als Meisterwerk der osmanischen Baukunst galt und gleichzeitig die Verbindung von Christentum und Islam symbolisierte. Sie war von einer solch eminenten Bedeutung, dass einfach die ganze Stadt nach der Alten Brücke benannt wurde: Mostar, ein Name, der sich aus den Wörtern *most* (alt) und *star* (Brücke) zusammensetzt.

Von nicht geringerer Symbolkraft war es, als die Brücke Mitte der 1990er Jahre durch heftigen Beschuss zum Einsturz gebracht wurde, laut Augenzeugenberichten von kroatischen Soldaten. Sie sollte aus der Geschichte getilgt werden, die den Kroaten nach

von nun an allein von Christen geschriebenen werden sollte. Und wenn die Brücke erst einmal verschwunden war, konnte man auch den Glauben an eine friedliche multi-ethnische und -religiöse Koexistenz in den Köpfen der Bewohner Mostars auslöschen. Gleichzeitig sollte die Zerstörung des Symbols den Feind einschüchtern und ihm seine Vernichtung vorführen. Den eigenen Leuten hingegen wurde der Anbruch eines neuen Zeitalters versprochen: Mostar sollte den Befehlshabern zufolge eine katholische, eine kroatische Stadt sein. Ein Zurück gab es nicht mehr, glaubte man doch den einzig wahren Gott auf seiner Seite zu haben.
Heute verbindet die Brücke wieder den westlichen, mehrheitlich katholischen Teil mit dem östlichen, mehrheitlich moslemischen Teil der Stadt. Der Westteil beginnt jedoch gar nicht direkt an der Brücke. Kann sie so wirklich als Symbol der Zusammenführung von West und Ost, von Christentum und Islam dienen?
Darko starrt immer noch auf das Wasser, nicht auf die Alte Brücke. Als ob sie nie weg gewesen wäre. Langsam hebt er den Kopf.
„Hast du dir mal vorgestellt, wie dein Leben verlaufen wäre, wenn dein Vater damals nicht nach Deutschland gegangen wäre? Was glaubst du, wäre aus dir geworden?“
Ich wusste es: Es soll also ein anstrengendes Gespräch werden. Er will wieder einmal Antworten auf Fragen, die ihm niemand beantworten kann.
„Du weißt, dass er das nicht selbst entschieden hat. Sein Vater ging in den 1960er Jahren weg, weil er hier keine Arbeit finden konnte und für sich und seine Familie keine Perspektive sah. Nachdem er eine Arbeitsstelle und eine Wohnung gefunden hatte, zog der Rest der Familie hinterher. Da gab es keine Diskussi-

on oder Alternative. Das Wichtigste war, sich eine Zukunft zu sichern und genug Geld zu verdienen, um davon ein Haus in der Heimat zu bauen. Dort wollten meine Großeltern dann die Sommerferien und schließlich ihren Lebensabend verbringen."
„Ja, ich weiß. Aber was wäre gewesen, wenn er nicht gegangen wäre? Dein Vater hätte doch im Dorf bleiben können, bei seiner Großmutter. Oder er hätte zurückkehren können, nachdem er die Schule beendet hatte. Dann hätte er sich hier verliebt und du wärst hier auf die Welt gekommen."
Ist das etwa Darkos einzige Erklärung für unsere unterschiedlichen Lebensumstände? Ich bin also nur im „falschen" Land geboren und aufgewachsen?
„Ich weiß nicht. Ich denke, es ist gut so, wie es ist. Warum ist das alles so wichtig für dich?"
Ich weiß, dass ich für ihn ein wichtiger Teil seiner Vergangenheit bin und in seinen Träumen vielleicht auch die Zukunft. Nur die Gegenwart kann ich nicht sein, dazu bin ich zu weit weg. 2000 Kilometer Entfernung können selbst seine Träume nicht überwinden, ohne die Wirklichkeit aus dem Blick zu verlieren.
„Du hast Recht, es ist wohl besser so."
Ich schaue erneut auf die Brücke, deren Wiederaufbau vor einem Monat beendet worden war. Die Weltöffentlichkeit hatte dank zahlreicher Fernsehübertragungen an den Feierlichkeiten zum Neueröffnung dieses geschichtsträchtigen Bauwerks teilgenommen. Vor allem im Westen fand die Fertigstellung der Brücke große Beachtung. Was eignete sich besser in einer globalisierten Welt, das multi-religiöse und multi-ethnische Miteinander zu symbolisieren, als eine Brücke? Wen interessierte es da, dass sie streng genommen nur den mehrheitlich von Muslimen besiedelten Teil mit dem anderen,

kleineren moslemischen Teil der Stadt verbindet, an den sich erst in einiger Entfernung von der Brücke der christiliche Teil anschließt?
„Es ist nun einmal so. Ich lebe dort und du hier. Ich bin überglücklich, dass dir und deiner Familie damals nichts passiert ist und dass wir heute hier sitzen können. Mehr kann ich dazu nicht sagen. Ich hatte das Glück, nicht dabei sein zu müssen."
„Ich wollte nicht auf den Krieg hinaus. Der interessiert mich doch überhaupt nicht. Ich spreche von uns."
Ich habe meinen Blick noch immer auf die Brücke gerichtet. Ob die eifrig fotografierenden Touristen wissen, dass die Brücke zwar physisch existiert, jedoch nicht in den Köpfen der Bewohner der Stadt?
„Willst du wissen, ob alles anders verlaufen wäre, wenn ich hier mein Leben verbracht hätte? Ob ich dich geheiratet und mit dir eine Familie gegründet hätte? Es gibt aber keine Antwort darauf. Vielleicht wäre es so gekommen. Vielleicht hätte ich mich aber auch in einen anderen verliebt. Vielleicht wäre ich weggezogen, in eine andere Stadt. Vielleicht wäre ich im Krieg tödlich verwundet worden. Hast du jemals daran gedacht?"
Meine Stimme nimmt einen gereizten Ton an.
„Nein, daran denke ich nicht. In meinen Gedanken bist du immer da. Da gibt es keinen Tod, nur Leben. Mit dir ist alles so einfach. Wenn du bei mir bist, kann ich alles schaffen. Du hörst mir zu, du gibst mir immer wieder einen Grund, mein Versagen zu vergessen und nach vorne zu schauen."
Erwartungsvoll sieht er mich an. Seine Augen glänzen. Wenn seine Freunde ihn so sehen oder reden hören würden, wäre er erledigt. Er hatte mit seinen Worten und seiner Körpersprache während des Gesprächs bereits mehrere eiserne Regeln des vorherrschenden *Machismo* verletzt. Viel zu sehr hatte er sich

mir zugewandt, zu weich und zu wenig überlegen waren seine Bewegungen.
Die Strafe für öffentliche gefühlvolle Aussagen und Handlungen eines Mannes ist in Bosnien-Herzegowina eine lange andauernde Hänselei, die offene Kundgebung des Verlusts seiner Männlichkeit auf dem Dorfplatz sowie der Ausschluss aus dem Fanclub der Ultras der lokalen Fußballmannschaft. Es ist Zeit, vom Thema abzulenken.
„Wie findest du eigentlich die neue Alte Brücke? Findest du es gut, dass die Touristen wieder zurück sind?"
„Warum weichst du meinen Fragen aus? Ich möchte wissen, was in dir vorgeht."
Ich spüre, wie ich langsam, aber sicher wütend werde.
„Nein, das möchtest du nicht. Du willst, dass ich dir meine Liebe gestehe und wir zwei glücklich und zufrieden bis ans Ende unserer Tage leben. Aber so ist die Wirklichkeit nicht. Ich kann das nicht sagen, es wäre eine Lüge. Du weißt das. Wir leben einfach in zwei verschiedenen Welten. Und die lassen sich nicht zusammenführen, ohne dass einer von uns beiden große Opfer bringen müsste."
Er dreht sich zu mir, die Brücke im Rücken, und sieht mir direkt in die Augen.
„Weißt du, was ich schon immer merkwürdig fand? Du kommst jedes Jahr hierher und ich habe jedes Mal das Gefühl, du bist gar nicht weggegangen. Und manchmal sitzen wir zusammen, wir sprechen dieselbe Sprache und doch scheinst du unendlich weit weg. Ich verstehe das nicht. Warum muss alles so schwierig sein?"
Ich verstehe den vorwurfsvollen Ton in seiner Stimme, er ist gerechtfertigt. Ich fühle mich schuldig, jedes Jahr aufs Neue.

„Ich weiß es nicht. Wir sind vermutlich zu verschieden. Und wir könnten kein Leben führen, wie es hier, in diesem Land normal ist."
Sein Mund verzieht sich zu einem schwachen gequälten Lächeln.
„Normal?", sagt er und verdreht dabei die Augen. „Was ist denn hier schon normal? Wir haben uns unseren Staat vom Westen aufbauen lassen, weil wir unfähig waren, selbst etwas zu erschaffen. Wir waren zu sehr damit beschäftigt, unsere Opferrolle zu perfektionieren und uns von anderen versorgen zu lassen. Wir haben um die Toten getrauert und dabei vergessen, Zukunftsvisionen für die Lebenden in die Tat umzusetzen. Durch die Geschichte hindurch waren wir stets von fremden Großmächten beherrscht. So konnten wir kein Zugehörigkeitsgefühl zu einem eigenen Staat oder System entwickeln. Wir waren zwar Teil des Ganzen, aber nicht aus freien Stücken. Immer wurde für uns entschieden, niemals mussten wir wirklich Verantwortung übernehmen. Manchmal frage ich mich, was hier passieren wird, wenn all die internationalen Truppen, Helfer und Organisationen abziehen. Es wäre die Chance, der Welt zu zeigen, dass wir sehr wohl selbständig sein können. Aber willst du wissen, was ich wirklich denke? Ich glaube nicht daran. Wir werden weiterhin keine Verantwortung übernehmen und es den anderen überlassen, zu regieren, solange wir irgendwie zu Geld kommen können. Wir werden immer unseren Blick auf den anderen richten und uns fragen, wieso er ein neues Auto fährt oder ein größeres Haus hat."
Er hält inne und langsam frage ich mich, ob er gerade von unserem Gespräch ablenken möchte.
„Und die Mentalität ist ein noch größeres Problem. Immer verschieben wir alles auf später. Eigentlich weiß ich gar nicht, was wir in der Gegenwart, was

wir jetzt gerade tun, außer alles aufzuschieben. Vielleicht ist es die Mischung aus unserer Mentalität und Geschichte, die unser momentanes Dasein wie das Waten durch einen Sumpf erscheinen lässt. Man geht nicht sofort unter, in diesem Sumpf der Passivität. Man wird ganz langsam heruntergezogen. Erst taucht man mit den Füßen ein und verspürt dabei noch keine Angst. Man denkt, man hätte noch die Kontrolle über seinen Weg. Man glaubt, man könnte seine Füße jederzeit aus eigener Kraft herausziehen. Dann rutscht man tiefer hinein, erst bis zu den Knien und zur Hüfte, doch schließlich steckt man bis zum Hals drinnen. Und erst in diesem Augenblick wird klar, dass es zu spät ist, sich herauszukämpfen. Wieder ist man gescheitert und namen- und tatenlos untergegangen. Und so geht es allen, die ich kenne. Niemand bekommt hier das, wovon er träumt. Vielleicht gehört das Versagen einfach zu uns. Vielleicht steckt es uns sogar in den Genen."

Ich schweige und sehe ihn zum ersten Mal an, ohne seinem Blick auszuweichen. Er wirkt gealtert. Als ob er nicht erst 25 Jahre, sondern schon ein ganzes Leben hinter sich hätte. Seine Worte sind typisch für so viele der jungen Männer, die nicht aktiv im Bürgerkrieg gekämpft haben. Sie leiden dadurch unter einem doppelten Komplex: Sie sind keine Soldaten gewesen, die immerhin sagen können, sie hätten für Freiheit und Unabhängigkeit gekämpft, für die „kroatische Sache" oder die „bosnische Sache". Gleichzeitig leiden sie unter der „Erbsünde" der Unselbstständigkeit, unter Passivität und Engstirnigkeit – das Erbe des Sozialismus, in dem noch der Staat für seine Bürger dachte und vermeintlich die Verantwortung für sie übernahm. Es ist, als ob diese Generation von Männern das Schlachtfeld als Verlierer verlassen hat, ohne jemals in einer Schlacht gekämpft zu haben.

Ich kann Darko nichts erwidern. Er hatte sich seine Antwort bereits selbst gegeben, ohne die Schuld bei sich zu suchen. Wie vielen anderen scheint ihm alles vorherbestimmt oder sogar genetisch festgelegt, wem es vergönnt ist, ein glückliches Leben zu führen. Diese Art, zu denken, führt in einen Teufelskreis, aus dem er wie viele andere junge Männer nicht mehr herauskommt. Er ist er ist erst 25 und steckt bereits bis zum Hals im Sumpf: im Sumpf der Vergangenheit und der Propaganda der katholischen Nationalisten, die hastig versucht hatten, die Geschichte umzuschreiben, um eine kroatisch-katholische Dominanz zu legitimieren und zu festigen.

Mein Blick wandert wieder zur Brücke. Ich weiß, dass sie Darko wie nahezu allen Bewohnern der Westseite Mostars, der mehrheitlich katholischen Seite, nichts bedeutet. Ihm erscheint sie als eine Farce: Als ob eine wieder aufgebaute Brücke Mord, Folter, Vergewaltigungen und Plünderungen ungeschehen machen könnte. Für ihn hat sie keinerlei positive Bedeutung. Und wie könnte da ich, die ich an diese Brücke genauso glauben möchte wie an eine gute Zukunft, die ich selbst in die Hand nehmen kann, eine Verbindung zu ihm finden?

Selbst geklaut

Wir sitzen am Küchentisch beim Kaffee, Jonny grinst in die Runde und fängt an zu erzählen: „Also, hört zu: Ein Zigeuner gibt einen Lottoschein in einem Toto-Lotto-Laden ab. Der Besitzer fragt ihn: ‚Was machst du, wenn du einen Sechser hast?‘ Darauf der Zigeuner: ‚Nichts Besonderes. Dann habe ich endlich genug Geld, um nach Italien zu fahren und dort zu klauen.‘“
Onkel Bego bricht in schallendes Gelächter aus, und auch Jonny prustet: „Warte, einen hab ich noch: Eine Zigeunerin und ein Zigeuner erscheinen vor Gericht, um sich scheiden zu lassen. Der Richter erklärt die Scheidung für rechtskräftig, und zwar mit den Worten: ‚Sie stehen nun in keiner familiären Beziehung mehr zueinander.‘ Das Paar schaut sich fragend an. Dann fragt der Zigeuner den Richter: „Wie meinen Sie das? Sind wir jetzt etwa nicht mehr Bruder und Schwester?“
Die beiden Männer können sich kaum halten vor Lachen, während Baka nur etwas lächeln muss. In allen Teilrepubliken des ehemaligen Jugoslawiens gibt es eine unendliche Fülle an Witzen über sämtliche Bevölkerungsgruppen und Minderheiten, doch gemeinsam mit den Montenegrinern, denen eine unbeschreibliche Langsamkeit und Faulheit nachgesagt wird, dienen die Roma am häufigsten als Zielscheibe des Spotts. Die beiden Witze, über die Jonny und Onkel Bego sich genauso wie viele andere auch schon oft gelacht haben, zeigen deutlich, welchen Ruf die Roma genießen und welche Vorurteile ihnen vor allem in Bosnien-Herzegowina seit Jahrzehnten anhaften: Sie sind Diebe und sie betreiben Inzucht. Im letzten dieser beiden Stigmata, die ihnen auferlegt werden, spie-

gelt sich die Tatsache, dass die Roma sehr isoliert leben. Das liegt insbesondere daran, dass ihnen der Zutritt zum Mainstream der Gesellschaft, der sich aus Bosniaken, Kroaten und Serben konstituiert, verwehrt wird. Es gibt nur einige wenige „unauffällige" Roma, die ihre ursprüngliche Identität in einem solchen Maße verheimlichen, ablehnen oder sich angepasst haben, dass sie vollständig integriert sind.
Die Geschichte der Roma ist jedoch allen historischen Umdeutungen zum Trotz untrennbar mit der Geschichte Bosnien-Herzegowinas verbunden. 1992, vor Beginn des Krieges, als die letzte offizielle Volkszählung für das Gebiet von Bosnien-Herzegowina stattfand, lebten etwa 300.000 Roma in Bosnien-Herzegowina. Wie viele es heute sind, ist nicht bekannt. Aber es ist unwahrscheinlich, dass der Anteil der Roma-Bevölkerung überhaupt genau erfasst werden kann, denn wie in Ungarn, Bulgarien, Albanien und anderen Teilen Ost- und Südosteuropa führen die Roma ein Leben am Rand der Gesellschaft und werden bei staatlichen Erhebungen gar nicht erfasst oder geben ihre ethnische Zugehörigkeit nicht an. Ihre tatsächliche Zahl dürfte deshalb schon 1992 weitaus höher gewesen sein.
Mit dem Kriegsende in Bosnien-Herzegowina im Jahre 1994 und der darauf folgenden Phase des Wiederaufbaus im Land sind auch zahlreiche Roma-Clans wieder zurückgekehrt. Niemand weiß wirklich, wohin sie geflüchtet waren und wie sie ihren Lebensunterhalt verdient haben. In meinen Erinnerungen an die Zeit vor dem Krieg, an meine frühe Kindheit, taucht immer wieder eine alte Roma auf, in bunte Röcke, eine weite Bluse und ein Kopftuch gekleidet. Sie hieß Nena und kam regelmäßig in unser Dorf, um nach Kleiderspenden für ihre Kinder, Enkel und Ur-Enkel zu fragen. Sie bettelte niemals um

Geld, sondern bot den Frauen im Gegenzug oder für ein paar Dinar an, ihnen ihre Zukunft aus dem Kaffeesatz zu lesen.
Das ließ sich meine Baka natürlich nicht nehmen, und ich vermute, dass sie deshalb nicht in Onkel Begos und Jonnys Lachen eingestiegen ist: Sie verbindet mehr mit den Zigeunern. Durch Nenas Vorhersagen konnte Baka zwei Fliegen mit einer Klappe schlagen: Sie erfuhr, welches Schicksal ihre Familie in der Zukunft ereilen sollte und gleichzeitig konnte sie sicher sein, dass ich brav sein würde. Ihre Drohung, Nena würde mich zu ihrer Familie in den Wald mitnehmen, wenn ich nicht artig wäre, wirkte sofort. Meine Großtante – eine besonders lebensunlustige Frau – steigerte meine Angst, indem sie mir erzählte, Zigeuner würden frechen Kindern wie mir die Ohren abschneiden. Da ich sehr an meinen Ohren hing, beschloss ich, mucksmäuschenstill zu sein, wenn Nena zu uns ins Haus kam. Meist saß sie mit Baka und meiner Großtante in der Küche an unserem alten Eichentisch unter einem für sozialistische Zeiten überdimensional großen Holzkreuz.
Wenn Nena zu Besuch kam, wurde die Zubereitung des Kaffees besonders sorgfältig ausgeführt. Schließlich musste der Kaffeesatz für sichere Zukunftsprognosen herhalten und durfte nicht zu sehr verwässern. Baka hat für die Zubereitung des Mokkas ihr ganz eigenes Ritual: Während sie darauf wartete, dass das Wasser im Kessel zu kochen begann, gab sie mehrere Löffel Kaffeepulver in eine bronzefarbene *čezva,* eine zylinderförmige Kaffeekanne mit langem Griff. Auf das Kaffeepulver schüttete sie das kochende Wasser. Dann gab sie in jeden *fildžan,* die kleinen Mokkatassen ohne Henkel, jeweils ein Stück Zucker und darüber einen Löffel heißen Kaffeeschaum. Erst ganz zum Schluss füllte sie die *fildžani*

mit heißem Kaffee auf und servierte ihn den Gästen. Den Kaffee kaufte sie nie bereits gemahlen. Allabendlich saß sie mit einer Kaffeemühle aus Holz auf den Knien im Wohnzimmer und mahlte die für den kommenden Tag benötigte Menge Kaffepulver. Es schien ihr nie eine zusätzliche Mühe zu sein, sondern sie vielmehr zu beruhigen. Und obwohl ich bis heute keinen türkischen Mokka trinke, mochte ich wegen dieses Bildes aus meiner Kindheit stets den Geruch frisch gemahlenen Kaffees.
Bei ein bis zwei Tassen Mokka ließ sich Baka von Nena alle Neuigkeiten aus den umliegenden Dörfern erzählen. Nena war fast immer unterwegs, vor allem im Sommer, wenn zahlreiche Bosniaken, Serben und Kroaten aus der *dijaspora* in Scharen in ihre Heimat strömten. Dadurch war sie bestens informiert: Todesfälle, Hochzeiten, Affären, Betrug, außereheliche Kinder – Nena kannte alle Einzelheiten und teilte sie nur allzu gern mit bereitwilligen Zuhörern. Der ausgiebige Schwatz über Freud' und Leid anderer Leute war jedoch nicht nur ein Informationsaustausch, sondern auch die Vorbereitung auf den Höhepunkt ihres Treffens mit Baka: die hohe Kunst des Kaffeesatzlesens. Unsere eher nüchterne Wohnküche vom Typ „Sozialistische Eiche Rustikal" schien sich schlagartig in einen burlesken, farbenfrohen Emir-Kušturica-Film zu verwandeln. Nena fixierte den Kaffeesatz in Bakas Tasse und begab sich in eine Art Trancezustand, während sie unaufhörlich unverständliche Worte auf Romanes murmelte. Baka blickte Nena erwartungsvoll an, in der Hoffnung auf eine positive Vorhersage. Ich selbst verkroch mich hinter der alten grün-braunen Couch aus den 1950er Jahren, die am Fenster stand, und lugte ängstlich und zugleich fasziniert hinüber. Meist waren Nenas Vorhersagen nicht allzu spektakulär oder gar alarmierend. Wahrscheinlich wollte sie

es sich nicht mit Baka verscherzen, denn immer wenn Nena erfreuliche Vorhersagen traf, zeigte diese sich besonders großzügig.
Mit den Jahren begegnete ich vielen Roma, meistens solchen, die im Stadtzentrum bettelten. Baka wunderte sich immer, warum ich sie panikartig fortzog, wenn sie ihnen tatsächlich einmal ein paar Münzen geben wollte. Sie glaubte mir nicht, dass meine Großtante mich damals so sehr erschreckt hatte und ich selbst als Jugendliche weiterhin um meine Ohren fürchtete. Baka lachte über meine Angst und nannte mich scherzhaft *cigančе* (Zigeunerkind), angeblich wegen meiner unzähmbaren, dunkelbraunen Locken. Ich hasste den Spitznamen und ich hasste Baka dafür, dass sie – wenn sie sich nicht großzügig zeigte und schlechter Laune war – regelmäßig Diskussionen mit den bettelnden Roma begann. Entweder schimpfte sie mit den Frauen, weil sie es zuließen, dass ihre Kinder fast nackt stundenlang auf der Straße saßen, oder sie legte sich lautstark mit den Männern an und empfahl ihnen, als Gastarbeiter nach Deutschland oder Österreich zu gehen, so wie es viele Bewohner Bosnien-Herzegowinas bereits vor ihnen getan hatten. Natürlich waren die Diskussionen ergebnislos, denn keines der Opfer von Bakas Tiraden hatte Interesse an ihrer Meinung.
Heute wünsche ich mir, noch einmal eine so gesprächige und liebenswürdige Roma wie Nena in Bosnien-Herzegowina kennenzulernen. Ich bin fasziniert von der Geschichte, Kultur und den Traditionen dieses einzigartigen Volkes. Doch scheint es mir unmöglich, Zugang zu den Roma zu finden. Denn jedes Mal, wenn ich versuche, mit jemandem von ihnen ins Gespräch zu kommen, werde ich fassungslos angestarrt oder gar beschimpft, und zwar sowohl von den Roma selbst, die nur etwas Geld von mir möch-

ten oder kein Interesse an meinen Fragen haben, als auch von vorbeigehenden Passanten, die nicht nachvollziehen können, wie man auf die absurde Idee kommen kann, mit „Zigeunern“ zu sprechen.
Vergangenen Sommer suchte ich auf einem öffentlichen Parkplatz vor einer Bank in Sarajevo einen Parkplatz. Das ist als solches schon ein schwieriges Unterfangen, denn der Parkplatz ist nicht betoniert oder gar asphaltiert und durch die Autos wird viel Staub aufgewirbelt, sodass man kaum etwas sehen kann. Verschafft man sich ein wenig Sicht, folgt das nächste Problem: Einen Parkplatz auf einem Areal zu finden, auf dem alle kreuz und quer parken. In Deutschland würde man abgeschleppt oder andere würden einem vorwerfen, sich unfair zu verhalten. Die Art, wie in Bosnien-Herzegowina geparkt wird, ist ein weiterer Beleg für das allgemeine mangelnde Verantwortungsgefühl für die Gemeinschaft.
Nach einem äußerst gewagten Parkmanöver mit actionfilmreifem, zentimetergenauem Hineinstoßen in eine Parklücke auf der Schotterpiste direkt neben einem Geländewagen der unter NATO-Kommando stehenden IFOR-Schutztruppen steige ich lässig aus meinem völlig verdreckten, aber immerhin in Deutschland zugelassenen und damit sehr begehrten Wagen aus. Ich habe mir kaum meine Handtasche vom Sitz geschnappt, da werde ich schon von einer Schar Roma-Kinder umringt. Ich hatte keine Ahnung, wo sie sich versteckt gehalten haben oder wo sie auf einmal hergekommen sind.
Die Kinder stellten sich im Kreis um mich herum auf, sprachen mich unentwegt mit *seko* an (ugs. Schwesterlein) und bettelten frei nach dem Motto „Think big!“ nicht nach Münzen, sondern nach ein paar Scheinen. Die Überraschung war ihnen gelungen. Bettelnde Roma-Kinder gehören zum Stadtbild in

Bosnien-Herzegowina und jeder Einwohner findet seine eigene Taktik, um sie abzuwehren. Meistens werden sie einfach ignoriert, manchmal leider auch beschimpft. Mein Onkel Živac wählt gerne eine weitere Möglichkeit: Sitzen wir in einem Straßencafé und ein Roma-Kind fragt ihn nach Geld, so ist es ihm immer ein wichtiges Anliegen, dem Kind äußerst ausführlich zu erklären, wie hart er für sein Geld arbeiten muss und dass er es sich nicht leisten kann, es einfach zu verschenken. Sein Monolog ist fast immer so lang und erschlagend, dass das Kind aufgibt und freiwillig weiterzieht. Vereinzelte Soldaten der IFOR und ich bilden die wohl kleinste Gruppe, die Toleranz praktiziert und gelegentlich ein paar Münzen verschenkt. Nach all den Jahren voller Horrorgeschichten über *cigani* (ugs. Zigeuner) und imaginärer Angst empfinde ich Scham. Auch wenn keines dieser Kinder weiß, welche Ängste ich lange Zeit in mir getragen habe, fühle ich mich trotzdem schuldig und möchte etwas zurückgeben – vor allem, weil ich selbst die Vorurteile und Klischees über die Roma weitergetragen habe.

Als ich an jenem Tag auf diesem Parkplatz jedoch geradezu von den Kindern überwältigt wurde, setzte mein Impuls der Wiedergutmachung aus und ich wurde nach anfänglicher Überraschung immer verärgerter. Auch wenn die Kinder und ich einen pressefotowürdigen Anblick abgaben, war ich nicht in der Lage, mich als Balkanversion von Angelina Jolie zu inszenieren, die gütig lächelnd Almosen an Kinder in zerrissener Kleidung verteilt und ihnen sanft über die Haare streichelt - nicht, wenn jemand in zwei Zentimetern Abstand zu mir steht und aggressiv nach Geld verlangt.

Höflich aber bestimmt versuchte ich, die Gruppe abzuweisen, indem ich auf die persönliche Anrede

nicht einging und mich zielstrebig in Richtung der Bank bewegte. Plötzlich jedoch warf sich ein kleiner Junge vor mir auf die Knie und küsste meine Hand. Das Wehklagen und Betteln der übrigen Kinder wurde immer lauter und ich blickte peinlich berührt um mich herum. Als ich gerade ansetzte, dem Spektakel mit lauten Worten ein Ende zu bereiten, trat ein amerikanischer IFOR-Soldat an mich heran, der auf dem Weg zu dem Geländewagen war. Er hielt einen 20-KM-Schein in der Hand und gab ihn mir mit den Worten: „Ma'am, das ist für Sie und Ihre Kinder. Damit sie für Ihre ganze Familie etwas zu essen kaufen können. God bless you."
Zum zweiten Mal innerhalb von fünf Minuten fehlten mir die Worte, und sogar die Kinder waren einen Moment lang sprachlos. Ich gab dem Soldaten das Geld zurück und fragte ihn in vorwurfsvollem Ton, warum er mir 20 KM gebe und auf die abwegige Idee komme, die Kinder wären meine eigenen. Er versuchte, mir den Schein wieder in die Hand zu drücken: „Sie haben es sicher nicht leicht, mit so vielen Kindern. Sie sind Ihnen übrigens wie aus dem Gesicht geschnitten."
Ich löste mich aus meiner Erstarrung und schaute mich um, in der Überzeugung, dass die Szene mit versteckter Kamera gefilmt würde und mir jemand einen Streich spielen wollte. Weit und breit war niemand sonst zu sehen. Der Amerikaner schien ernsthaft zu denken, dass ich mit meinen zugegebenermaßen hübschen, aber furchtbar schmutzigen Kindern in einem frisch geputzten BMW mit deutschem Kennzeichen vor einer Bank parkte.
Es war Zeit, ihn aufzuklären und ihm einen kleinen Kurs über Benimmregeln auf dem Balkan zu geben. Erstens: Wer am lautesten schreit, hat recht – wenn kein Mann anwesend ist. Zweitens: In jeder

ethnischen Gruppe sind alle irgendwie miteinander verwandt oder durch Patenschaften verbandelt, also lege dich am besten mit keinem an. Und drittens: Halte niemanden fälschlicherweise für einen Angehörigen der Roma, wenn du dir nicht sicher bist. Das wird von allen Beteiligten als Beleidigung aufgefasst – vor allem für die Roma.

Der IFOR-Soldat zeigte sich sichtlich unbeeindruckt von meinem Monolog und schien sich lediglich über mein verständliches Englisch zu wundern. Er fragte mich, ob ich während des Bürgerkrieges in den Vereinigten Staaten gelebt habe, weil es so gut sei. Mittlerweile war auch den Kindern der Geduldsfaden gerissen und sie verlangten mit Nachdruck den Geldschein des Soldaten. Ich solle mich gefälligst nicht so anstellen, Amerikaner würden doch generell nichts kapieren. Obwohl ich immer noch konsterniert war, bestand ich darauf, dem Soldaten das Geld zurückzugeben, drückte den Kindern ein paar Münzen in die Hände und ging weiter. Es folgten eine nicht jugendfreie verbale Hasstirade seitens der Kinder und ein verständnisloser und vorwurfsvoller Blick des Amerikaners.

Vor kurzem las ich einen Artikel über die erschreckende Tatsache, dass Juden und Roma in Bosnien-Herzegowina nicht bei Präsidentschaftswahlen antreten dürfen. Der europäische Gerichtshof für Menschenrechte sieht hierin eine massive Verletzung der Menschenrechte und beschäftigt sich derzeit mit einer Klage von Jakob Finci und Dervo Sejdić, Angehörigen der jüdischen und der Roma-Minderheit.[1] Beide richten sich gegen die Verfassung Bosnien-

1 Der vollständige Artikel ist hier zu finden: http://edition.cnn.com/2009/WORLD/europe/12/23/bosnia.discrimination.minority.ruling/index.html.

Herzegowinas, in der mit einem nahezu einstimmigen Beschluss verankert wurde, dass Angehörige sämtlicher Minderheiten weder bei einer Präsidentschaftswahl kandidieren noch als Abgeordnete ins Parlament einziehen dürfen. Während solche Verfassungselemente in der westlichen Welt kaum vorstellbar sind, sind Rassismus und Antisemitismus in Bosnien-Herzegowina leider an der Tagesordnung und werden nicht geächtet. Im äußerst labilen Staatskonstrukt Bosnien-Herzegowinas wechseln sich Serben, Kroaten und Bosniaken mit Hilfe eines rotierenden Systems im Präsidentenamt ab, während alle anderen Volksgruppen keine Möglichkeit haben, dieses zu besetzen. Serben, Kroaten und Bosniaken stellen damit das sogenannte konstituierende Volk dar, alle anderen werden als ethnische oder religiöse Minderheiten geführt – und diskriminiert.
Die Roma mögen zahlenmäßig eine Minderheit sein, sie sind jedoch keineswegs unsichtbar, nicht zuletzt, weil sie besonders stark von Armut und Hunger betroffen sind und häufig als Bettler in Erscheinung treten. Sie gehören aber auch seit Jahrhunderten zur Bevölkerung Bosnien-Herzegowinas und trugen somit stets zur einzigartigen Vielfalt dieser europäischen Region bei. Vor dem Ausbruch des Bürgerkrieges wäre zum Beispiel kaum eine serbische Hochzeit auf dem Land ohne *trubaći* (Blechbläser) denkbar gewesen. Viele Roma sind exzellente Musiker, die sich ihre Streich- und Blasinstrumente selbst beigebracht oder unter Anleitung ihrer Väter oder Großväter erlernt haben. Seit Kriegsende bleiben jedoch auch die Serben bevorzugt unter sich und engagieren serbische Blaskapellen für ihre Hochzeiten. Heute spielen Roma nur noch bei ihren eigenen religiösen oder familiären Festen sowie beim seit 1961 alljährlich stattfindenden Guča-Trompetenfestival in

Westserbien.
Die meisten Roma verdingen sich oftmals mit schlecht bezahlten Gelegenheitsjobs, wie so viele Menschen in Bosnien-Herzegowina. Manche bemühen sich aber gar nicht erst um legale Arbeit. Sie finden andere Wege, um ihre Familien zu ernähren. So zum Beispiel der etwa zehnjährige Roma-Junge, der ich in der Altstadt von Sarajevo auf mich zukam, als ich in einem Straßencafé saß und eine Portion *burek* aß, den mit Hackfleisch gefüllten Blätterteig, der in der Regel mit Naturjoghurt serviert wird. Der kleine Roma-Junge hielt mehrere Parfums namhafter Hersteller in seinen Händen und bot sie Touristen und Cafégästen zum Verkauf an. Es war anzunehmen, dass es sich bei den Damen- und Herrendüften nicht um Originale handelte und die Passanten ließen ihn das auch wissen, worauf er stets beteuerte, dass die Produkte echt seien. Schließlich kam er an meinen Tisch und schien frustriert, weil er unter den Gästen des Cafés bislang nichts verkauft hatte. Als auch ich höflich ablehnte, verlor er die Fassung und schrie: „Hör mal, *seko,* der Kram hier ist echt und keine zusammengepanschte Plörre mit aufgeklebtem Calvin-Klein-Etikett. Ich habe die Flaschen eigenhändig geklaut! Kaufst du mir jetzt ein Parfum ab oder kaufst du's dir lieber in Deutschland für den vierfachen Preis? Ich schwör's dir: Ich selbst habe es geklaut."

Nema problema

Die Alarmanlage meines Wagens ist defekt: Bereits wenn man die Tür auf- oder abschließt, beginnt sie loszuheulen. Ich beschließe deshalb, mein Auto so schnell wie möglich zu einer Vertragswerkstatt im Stadtzentrum zu bringen. Die ganze Dorfgemeinschaft nimmt Anteil an dem elektronischen Problem, denn stets muss alles gemeinsam ausgiebig diskutiert werden, zumal alle Bewohner aufgeschreckt werden, sobald ich nach Hause komme oder wegfahre. Unter den Schaulustigen ist Ivan, ein Bekannter aus der Nachbarschaft und seines Zeichens selbsternannter Kfz-Mechanikermeister. Ivan überredet mich, nicht zur Werkstatt zu fahren, sondern ihn diese Kleinigkeit gratis reparieren zu lassen. Er sei ja nicht nur Kfz-Mechaniker, sondern darüber hinaus auch ein äußerst talentierter Elektriker und Autolackierer und Fliesenleger und Gerüstbauer. Warum also viel Geld für eine solche Lappalie bezahlen und den „richtigen" Kfz-Mechanikern das Geld in den Rachen schmeißen? Er könne das genauso gut, ohne den Beruf je erlernt zu haben. *Nema problema*, kein Problem. Ivan ist sich absolut sicher, dass der Defekt in der Elektronik irgendwo in der Nähe der Windschutzscheibe oder des Fensters auf der Fahrerseite zu finden ist. Und es ist wirklich verlockend, etwas Geld zu sparen und dieses lieber bei einem Ausflug ans Meer auszugeben. Also überlasse ich ihm mein Auto.

Als ich etwa zwei Stunden später zurückkomme, zieht sich ein Riss quer über die gesamte Windschutzscheibe und das Fenster an der Fahrerseite ist herausgebrochen. Ivan sitzt mit einem dicken Holzstab auf dem Dach meines Wagens und bohrt gerade am Fenster neben dem Beifahrersitz. Mir entfährt ein Schrei des Entsetzens und ich brülle, er solle gefälligst von meinem Auto heruntersteigen und verschwinden. Meine Wut irritiert ihn nicht, ist man doch hier einige Lautstärke von den eigenen Landsleuten gewöhnt. Stattdessen erklärt er mir seelenruhig: „Wir haben es hier mit einem sehr vertrackten Alarmsystem zu tun, so was können sich auch nur deutsche Ingenieure ausdenken. Aber keine Sorge, ich habe den Defekt fast behoben ..."

Ich verliere vollständig die Fassung und klettere schnellstmöglich über die Motorhaube aufs Dach. Mittlerweile haben sich neugierige Nachbarn und Verwandte versammelt, angezogen von meinen ganz und gar undamenhaften Schreien. Wir müssen ein merkwürdiges Bild abgeben, wie wir auf dem Autodach lauthals streiten und ich versuche, ihm den Holzstab zu entreißen. Doch keiner der Umstehenden lacht. Wie immer wird im Kollektiv diskutiert, ob Ivan noch ganz bei Trost sei, mein „gutes deutsches Markenauto" zu zerstören, ob ich es vielleicht „an den Nerven" habe, weil ich bei so einer Kleinigkeit die Fassung verliere, ob es vielleicht daran liegt, dass ich schon so lange im Ausland lebe, ob es mit der Tatsache zusammenhängt, dass ich unverheiratet in einer WG mit zwei Männern wohne, oder ob die Reparatur vielleicht gescheitert ist, weil Ivan ja auch nicht mehr derselbe ist, seit er im Krieg von einem Versorgungslaster angefahren worden ist – so ziehen sich die Diskussionen ins Unendliche.

Schließlich gelingt es mir, ihm den Holzstab zu entwenden, woraufhin ich ihn in einen dichten Brombeerbusch werfe. Voller Zorn befehle ich Ivan, endlich von meinem Dach zu steigen und sich die nächsten Jahre nicht mehr in meinem Haus oder auf meinem Auto blicken zu lassen. Widerwillig klettert

er hinunter und versucht mich zu beruhigen, indem er mir in die Augen sieht und mit einem beleidigtem Unterton entgegnet: „Dann bringst du das Auto eben in die Vertragswerkstatt, dort reparieren sie es sicherlich, wenn auch für ein kleines Vermögen. Du hättest es von Anfang an dort hinfahren können, ich wäre nicht beleidigt gewesen. *Nema problema.*“ Diese beiden Wörter hätten bei mir schon vorher alle Alarmglocken schrillen lassen sollen – es gibt wohl kein geflügeltes Wort, bei dem Einheimische und Touristen eher misstrauisch werden sollten.
Redewendungen und Sprichwörter werden in Bosnien-Herzegowina in jeder Alltagssituation, ganz gleich ob fröhlich oder traurig, gerne und häufig benutzt, nicht zuletzt, um einer möglicherweise nicht besonders spannenden Geschichte etwas Theatralik hinzuzufügen. Den eher gängigen Sprichwörtern und Vergleichen wie zum Beispiel „Nikad ne reci nikad“ (Sag niemals nie) oder „dobar kao kruh“ (für jemanden, der ein sehr guter Mensch, nämlich ‚gut wie Brot‘ ist) wird mit eindrucksvoller Mimik und äußerst expressiver Gestik Nachdruck verliehen, sodass man als Besucher – der nicht der kroatischen, bosnischen oder serbischen Sprache mächtig ist – meinen könnte, es handle sich um Nachrichten von weltpolitischer Bedeutung. Aber weit gefehlt, vielmehr passen der sprachliche Ausdruck, die Intensität, mit der das Sprichwort in die Runde geworfen wird, und die Situation, in der man auf es zurückgreift, in den meisten Fällen ganz und gar nicht zueinander. So kann etwa jemand *dobar kao kruh* sein, wenn er seiner Frau sein frisch poliertes Auto für eine Stunde überlässt, damit sie die Wocheneinkäufe für die sechsköpfige Familie nicht zu Fuß nach Hause schleppen muss. Aber auch Mutter Theresa war *dobra kao kruh*, und das ist eine unbestrittene Tatsache.

Es gibt eine Fülle an Redewendungen, die meist eher profaner, und weniger blumiger Natur sind. Ein Beispiel hierfür ist der allseits beliebte Satz: „Ako govno mutiš, još je uvijek govno“ (Wenn man Scheiße quirlt, ist es immer noch Scheiße). Diese Wendung ist auf nahezu jede Alltagssituation anwendbar, sowohl in Bezug auf Mitmenschen als auch auf Dinge und vor allem auf die Politik im Allgemeinen.
Hört man irgendwo in Bosnien-Herzegowina jedoch die Wörter *nema problema,* dann kann man sicher sein, dass die Probleme gerade erst wirklich anfangen. *Nema problema,* das ist die offizielle Ankündigung, dass die Dinge noch schlimmer werden, als sie es ohnehin schon sind. Aber auch wenn man hierum weiß, findet man sich viel zu oft in völlig absurden Situationen wieder, in denen man die beiden Wörter überhört – man kann ihnen nicht entrinnen.
Einmal herrschte in meinem Heimatdorf allgemeine Aufregung, weil meine Cousine Mirjana und ihr Verlobter William erstmals gemeinsam aus Chicago zu Besuch kamen, damit ihr zukünftiger Ehemann die Familie kennenlernen konnte. Onkel Živac holte sie am Flughafen in Sarajevo ab, während meine Großmutter die gesamte Nachbarschaft einspannte, um einen herzlichen Empfang vorzubereiten. In allen Küchen der umliegenden Häuser wurde gekocht und gebacken. Am Abend, zur Ankunft der drei, sollte es *sarma* und *dolma* (mit Fleisch oder Reis gefüllte Weinblätter bzw. Kohlrouladen), ein gebratenes Lamm, diverse Schinken- und Käseplatten, Tomaten- und Krautsalat, gebackene Kartoffeln, *juha* (klare Brühe) und dazu noch verschiedene Kuchen, Torten und Plätzchen geben. Das alles musste für 100 bis 150 Personen reichen, da zu erwarten war, dass viele Dorfbewohner vorbeischauen würden. Aber die Gemeinschaft funktio-

nierte wie so oft fast von alleine und meisterte den großen organisatorischen Aufwand der Essenszubereitung problemlos. Solche Feste wurden schon oft bestritten und jedes Mal waren sie ein voller Erfolg. *Nema problema.*
William sollte die Attraktion des Abends sein, und ein Grund dafür war, dass er Afro-Amerikaner ist. Das würde einen ganz neuen Aspekt in unser bereits recht buntes Familienleben bringen. Gleichzeitig stellte es Baka vor ein Problem: Sie ist eine zwar manchmal etwas aufdringliche, aber liebevolle Großmutter und freute sich selbstverständlich für ihre Enkeltochter, darüber, dass diese einen anständigen und liebevollen Mann gefunden hatte. In ihrer Funktion als Oberhaupt der Familie war sie jedoch angehalten, den jungen Mann genauer unter die Lupe zu nehmen – und die Tatsache, dass William Afro-Amerikaner ist, löste zunächst Skepsis bei ihr aus. In diesem Breiten kommt man nur selten mit Menschen anderer Hautfarben in Kontakt. Sollte William keine Anstrengung unternehmen, sich den Traditionen und örtlichen Gegebenheiten zu fügen, würde er es schwer haben, akzeptiert zu werden. Es war nicht zu erwarten, dass er sich in der Landessprache verständigen konnte, und genau deshalb wollte Baka im Namen der ganzen Familie eine unvergessliche Willkommensbegrüßung auf Englisch organisieren. Meine Großmutter spricht kein Wort Englisch, aber: *Nema problema* – auf das Angebot ihrer zahlreichen Enkelkinder, ihr zu helfen, reagierte sie, indem sie mit theatralischen Gesten erklärte, wie sie sowohl die Partisanen im Zweiten Weltkrieg als auch den Sozialismus und schließlich den Bürgerkrieg der 1990er Jahre überlebt hat. Sie benötige keinerlei Unterstützung, um diese Überraschung auf die Beine zu stellen. *Nema problema.*

Zwei Stunden später rollte Onkel Živac unter lautem Gehupe auf unsere Einfahrt, auf der das Empfangskommittee, angeführt von meiner Großmutter, längst bereitstand. Mirjana und William stiegen aus dem Wagen und waren überwältigt von all den Menschen, die sich ihnen zu Ehren eingefunden hatten. Baka stürmte auf Mirjana zu und umarmte ihre Enkelin. Bevor sie auf William zuging, drehte sie sich kurz zur Haustür, wo eine ihrer Schwestern stand, und gab dieser ein knappes Handzeichen.
Wenige Sekunden später dröhnte ein amerikanischer Punkrocksong in voller Lautstärke aus unserem Haus. Baka lächelte geradezu triumphierend, umarmte William und küsste ihn zur Begrüßung auf die Wange. Über die Anfahrt brüllte es:

„Don't wanna be an american idiot
Don't want a nation under the new mania
And can you hear the sound of hysteria?"[1]

Sichtlich verstört blickte William zu Mirjana, die die Fassung verloren zu haben schien. Baka deutete Mirjanas Sprachlosigkeit als Erfolg und wippte sogar ein wenig zur Musik, während der Song unaufhörlich aus der Küche schallte.
Um Schlimmeres zu vermeiden, schaltete ich die Musikanlage aus und schaffte so Raum für die tobende, weithin hörbare Mirjana: „Baka, hast du völlig den Verstand verloren? Warum musst du mich immer so blamieren?"
Meine Großmutter reagierte verständnislos und entgegnete nur: „Mirjana, ich wollte William doch nur willkommen heißen und habe deshalb etwas ausgesucht, was angeblich jeder in Amerika hört. Das

1 „Ich will kein amerikanischer Idiot sein. Ich will keine neue wahnsinnige Nation. Und kannst du den Klang der Hysterie hören?"

sagt zumindest der zwölfjährige Neffe vom Metzger. Er ist ganz geschickt am Computer und weiß über alles Bescheid, was in der Welt vor sich geht. Ich weiß nicht, warum du dich so aufregst. Es ist doch ein amerikanisches Lied, auf Englisch gesungen. Oder? Er freut sich bestimmt, etwas Vertrautes zu hören, wo er doch so weit weg von zu Hause ist." Dann tätschelt sie Williams Wange und sagt lächelnd: „Nema problema. Das habe ich gerne für dich gemacht."

Ein anderes Mal saß ich mit meinem alten Freund Damir, der als Journalist für eine große Tageszeitung in Bosnien-Herzegowina tätig ist, in einem Restaurant in Trebinje, im serbischen Teil Bosnien-Herzegowinas. Damir reist häufig durch Bosnien-Herzegowina, um für seine Beiträge zu recherchieren. Deshalb kennt er auch in jedem noch so kleinen Ort ein Lokal oder eine Bar, die einen Besuch wert sind. Das Restaurant, in das mich Damir geführt hatte, war auf Fischgerichte spezialisiert. Darüber hinaus warb es in seiner Speisekarte mit erstklassigem, mehrsprachigem Servicepersonal, das dem Gast jeden Wunsch erfüllen würde. Ich ließ meinen Blick durch das gut gefüllte Restaurant schweifen und erblickte abgesehen von drei französischen Blauhelmsoldaten nur einheimische Gäste, die sich lautstark auf Serbisch unterhielten und dabei diverse Fisch- und Fleischspezialitäten verspeisten.

Ich widmete mich wieder der Speisekarte und blätterte zu den letzten Seiten der Karte, um das Angebot auf Deutsch zu lesen. Doch statt dem vielgepriesenen Fisch waren nur die Fleisch- und Pastagerichte aufgeführt, und das auch noch in brüchigem Deutsch. Selbstverständlich hätte ich einfach in der hiesigen Landessprache bestellen können, aber meine Neugier war geweckt und ich fragte einen Kellner, wa-

rum sich die Speisekarten in den verschiedenen Sprachen auch inhaltlich voneinander unterschieden.
„Ach, wissen Sie, die deutschen Touristen wollen nie unsere Spezialitäten probieren", entgegnet er geradezu empört. „Sie wollen nur das essen, was sie kennen: Schnitzel, Pommes Frites und Pasta. Es ist eine Schande, aber wir sind flexibel und versuchen, alle Wünsche zu erfüllen. Nema problema."
Damir vergrub sein Gesicht hinter der aufgeschlagenen Speisekarte und sank mit einem breiten Grinsen tiefer in seinen Stuhl. Das wollte ich mir nicht bieten lassen, halte ich doch die Deutschen für keineswegs so ignorant, wie der Kellner sie beschrieben hatte: „Das ist ja interessant", fahre ich mit einem sarkastischen Unterton fort. „Also haben Sie sich einfach angepasst, und all die exotischen Speisen zusätzlich auf Deutsch aufgeführt. Aber wenn ich Sie auf eine Kleinigkeit hinweisen darf: Es heißt nicht ‚verkrustete', sondern ‚überbackene' Cannelloni."
Ich zeigte auf die betreffende Zeile. Der Kellner folgte meinem Finger, wendete aber seinen Blick gleich wieder gelangweilt von mir ab. In seinen Augen lag erst Verachtung für meine Besserwisserei, dann grinste er: „Ich weiß nicht, was Ihr Problem ist. Sie verstehen doch, was da steht, ganz gleich, ob es „verkrustet" oder „überbacken" heißen muss – nema problema. Kann ich nun bitte Ihre Bestellung aufnehmen?"

Chinesische Bosnier

„Dobal dan!" ruft mir eine Frauenstimme hinter einem Regal in einem Geschäft namens „China-Shop Bosnia" zu. Ich kann die Verkäuferin zwar nicht sehen, muss mir jedoch mit viel Mühe das Lachen verkneifen, und das auch noch wegen einer Belanglosigkeit: Sie kann tatsächlich das „r" in „dobar dan" – was „Guten Tag" bedeutet – nicht aussprechen und ersetzt es durch ein „l", so wie man es Chinesen oft nachsagt. Hinter einem Regal gefüllt mit Plastikschmuck, Büstenhaltern in Übergröße, Gürteln, Räucherstäbchen und bunt blinkendem Spielzeug taucht die kleine zierliche Chinesin auf, die zugleich Inhaberin und Kundenberaterin ist. Meine Freundin Nikolina ist bereits in den hinteren Teil des Ladens weitergegangen, wo sich ein Regal befindet, das vor gefälschten Markenjeans und amateurhaft imitierten Ed-Hardy-T-Shirts überquillt.
Ich hatte schon viel über die wachsende Zahl von Chinesen in Bosnien-Herzegowina gehört. Meist folgen chinesische Männer und Frauen einem Verwandten, der vorausgegangen ist, eine Wohnung in Bosnien-Herzegowina gefunden hat und im besten Fall einen Laden eröffnen konnte. Sie sind dafür bekannt, dass sie innerhalb kurzer Zeit eine der drei Landessprachen erlernen und beherrschen. Das „r" bereitet ihnen aber große Schwierigkeiten, was zu großer Erheiterung unter den Einheimischen führen kann, die mit Wonne das „r" rollen, wie etwa auch die Spanier oder die Italiener.
Nikolina hatte mir vor einiger Zeit von ihrem neuen Shopping-Paradies erzählt, dem „China-Shop Bosnia", und meine Neugier war sofort geweckt. Ich muss die Inhaberin unbedingt kennenlernen und

frage sie, was sie aus China in diesen Winkel Europas verschlagen hatte. Sie mustert mich mit kritischem Blick, neigt den Kopf zur Seite und fragt: „Sind Sie sicher, dass Sie in diesem Teil des Geschäfts richtig sind? Die Büstenhalter mit Körbchengröße A befinden sich weiter vorne."
Überrascht über ihre nahezu perfekten Sprachkenntnisse und ihre offensive Art, meine Oberweite zu kommentieren, stehe ich wortlos da.
„Entschuldigen Sie bitte, ich suche keine Büstenhalter. Ich wollte Sie nur fragen, wie es dazu kam, dass Sie hier in Mostar leben."
Sie beäugt mich skeptisch und reagiert unwirsch. „Hier ist es besser als in meiner Heimat. Aber das geht dich nichts an", zischt sie mich an und räumt kleine Taschenspiegel in allen erdenklichen Farben neben Plastikbadeschuhe für Kinder ins Regal.
„Ehrlich? Wie beschissen war denn Ihr Leben in China?" platzt es aus mir heraus. Schnell halte ich mir die rechte Hand vor den Mund, als ob ich so die Worte zurücknehmen könnte.
Meine Ehrlichkeit scheint sie milder zu stimmen. „Ich kann dir genau sagen, wie beschissen mein Leben in China war. Wir lebten zu sechst im einzigen Raum einer Lehmhütte auf dem Land. Wir hatten kaum etwas zu essen und keine Arbeit. Alles ist besser, als wieder nach China zurückzukehren."
Ich ignoriere, dass sie mich – eine Fremde – nach bereits zwei Wortwechseln duzt. Eine eher unhöfliche bosnisch-herzegowinische Eigenart, die sie anscheinend rasch übernommen hat.
Sie hält kurz inne und fährt dann fort: „Meine Kinder mussten jeden Tag eine Stunde Fußmarsch über unbefestigte, hügelige Schotterpisten zurücklegen, um zur nächsten Schule zu gelangen. In der Schule wurden sie von einem Mann unterrichtet, der selbst

überhaupt kein Lehrer war. Er konnte den Kindern nur das Alphabet und die Grundrechenarten beibringen. Wie hätten sie sich mit dieser jämmerlichen Bildung jemals ein besseres Leben ermöglichen können? Meinem Mann und mir blieben nicht viele Möglichkeiten. Entweder wir hätten uns unserem Schicksal gefügt und unser Leben in Armut in einem kleinen Dorf in einer entlegenen Provinz fortgeführt oder wir hätten als Wanderarbeiter in einer Großstadt Beschäftigung suchen müssen. Doch wäre ich fortgegangen, hätte sich meine Tochter um die kranken Großeltern kümmern müssen und wäre gar nicht mehr in die Schule gegangen. Das wollte ich meinem Kind nicht zumuten. Beide – meine Tochter und mein Sohn – sollen eine gute Ausbildung erhalten, damit sie es später besser haben als mein Mann und ich. Also sind wir meinem Bruder gefolgt, der bereits seit einer Weile hier lebte und für uns eine Aufenthaltsgenehmigung beantragte. Und hier leben wir nun seit ein paar Jahren. Die Kinder besuchen ein privates Gymnasium, das größtenteils von internationalen Spendern finanziert wird. Sie sprechen mittlerweile drei Sprachen fließend, darunter auch Englisch. Das Leben hier ist zwar auch hart, aber wenigstens lohnt es sich, hart zu arbeiten." Mit diesem Satz wendet sie sich um und trägt leere Kartons in ein Hinterzimmer.

Ihre Geschichte macht mich betroffen. Vor allem ist es jedoch ihr letzter Satz, der mich zum Nachdenken bringt. Sie und ihr Mann haben sich Ziele gesteckt und glauben, sie in Bosnien-Herzegowina erreichen zu können. Ausgerechnet hier, wo viele Menschen keinen Arbeitsplatz finden, keine staatliche Grundversorgung vorhanden ist und Kinder und Jugendliche nach Religion und ethnischer Zugehörigkeit getrennte Schulen besuchen. Wer als Kriegsflüchtling während der 1990er Jahre im Ausland lebte, woll-

te nur selten in die zerstörte Heimat zurückkehren. Perspektivlosigkeit und Armut schienen zu gewaltig. Auch heute noch ist das Zusammenleben der verschiedenen Bevölkerungsgruppen auf einem eher wackeligen Fundament aufgebaut und die Trennungslinien ziehen sich tief durch alle gesellschaftlichen Schichten. Selbst ehemalige Gastarbeiter, die einige Jahrzehnte in Deutschland, Österreich und in der Schweiz gearbeitet haben, um Geld für ein Haus und eine kleine Rente in der alten Heimat zu verdienen, kehren immer seltener nach Bosnien-Herzegowina zurück. Ihre Kinder fühlen sich im Ausland heimisch, die Heimat der Eltern und Großeltern kennen sie nur aus den Sommerferien. Nach all den Jahren in der Fremde fällt es ehemaligen Gastarbeitern oft schwer, auf gewisse Annehmlichkeiten zu verzichten, wie zum Beispiel eine gute medizinische Versorgung und ein funktionierendes System öffentlicher Transportmittel. Sie realisieren schnell, dass sie sich von ihren Landsleuten und der Kultur entfremdet haben, und die Fremde zur zweiten Heimat geworden war. Außerdem möchten sie ihren Lebensabend nicht fern von ihren Kindern und Enkelkindern verbringen und entschließen sich deshalb häufig, nur die Sommermonate in Bosnien-Herzegowina zu verbringen.
Ich stehe immer noch an derselben Stelle im Geschäft, an ein Regal gelehnt, und warte auf die Rückkehr der Inhaberin aus dem Lagerraum. Es will nicht in meinen Kopf, wieso sie ihrem Bruder genau hierher gefolgt ist, statt ihr Glück im Westen Europas zu suchen. Sie kommt mir mit weiteren Kartons beladen entgegen und ich nutze die Gelegenheit, ihr zwei Kisten abzunehmen, um weitere Fragen zu stellen.
„Aber wie sind Sie auf Bosnien-Herzegowina gekommen? Wird in China Werbung für ein neues,

besseres Leben in Bosnien gemacht", frage ich, während ich Baseballkappen, die mit Mini-Ventilatoren bestückt sind, aus den Kartons hole.
Sie lacht. „Nein, meinen Bruder hat es über Umwege hierher verschlagen, meine Schwester und ich sind nachgekommen. Und hier werden günstige Waren aller Art benötigt, weil die Menschen nur sehr wenig Geld zur Verfügung haben."
Ihre Erklärung trifft die Situation in diesem Land sehr genau. Viele Einwohner bewegen sich am Rand zum oder gar unterhalb des Existenzminimums. Ein China-Shop, der vieles zu Pfennigpreisen anbietet, ermöglicht auch armen Leuten ein Einkaufserlebnis. Nikolina hat sich während unseres Gesprächs für zwei Paar „echte" Jeans von Tommy Hilfiger entschieden. Für sie sind die chinesischen Einwanderer ein Teil des bunten Stadtbildes und keine Kuriosität mehr. Recherchen einer bekannten bosnischen Tageszeitung zufolge gibt es chinesische Männer, die bosnischen Kriegswitwen einmalig mehrere Tausend Euro für eine Scheinehe bieten, damit sie durch die Heirat eine permanente Aufenthaltsgenehmigung in Bosnien-Herzegowina erhalten. Nach ein paar Jahren lassen sie sich wieder scheiden, dürfen dann aber in Bosnien-Herzegowina bleiben.
Ich kann es trotz überzeugender Argumente nicht glauben, dass jemand aus einem so fernen Erdteil nach Bosnien-Herzegowina kommt, um sich und den Angehörigen durch die Eröffnung eines China-Shops oder gar mittels einer bosnischen *Green Card* ein besseres Leben zu ermöglichen. Seit Jahrzehnten verlassen Serben, Kroaten und Bosniaken das Land, weil sie keine Arbeit finden können und hier in Armut leben müssen. Ich selbst bin in Deutschland geboren und aufgewachsen, weil mein Großvater für sich und seine Familie keine Zukunft gesehen hat

und in den späten 1950er Jahren nach Westeuropa ausgewandert ist. Und hier stehe ich nun mit einer Chinesin, die mir glaubhaft und ohne Umschweife erklärt, wieso es hier, in einem armen, kriegsgeschädigten Land, besser ist als in China, wo sich die Wirtschaft gerade rasant entwickelt und überall neue Arbeitsplätze entstehen.
Noch einmal gehe ich auf die Inhaberin zu und frage vorsichtig: „Wie sind Ihnen die Leute hier denn anfangs begegnet? Die Menschen hier sind so gut wie keine Ausländer gewohnt, und schon gar nicht aus Asien. Bosnien ist ja kein klassisches Einwanderungsland. Wurden Sie nicht ausgegrenzt, diskriminiert? Oder ausgelacht wegen Ihres Akzents?"
Sie blickt mich mit einem süffisanten Lächeln an: „Natürlich wurde ich nicht sofort akzeptiert oder in die Gesellschaft integriert, wie es so schön heißt. Meistens wurde ich angestarrt und manchmal einfach nur ignoriert. Aber jetzt bin ich angekommen. Ich habe eine Wohnung, meinen eigenen Laden und beschäftige sogar zwei Verkäuferinnen, eine Kroatin und eine Bosniakin. Ich gebe dem Land also etwas zurück. Und was meinen Akzent angeht: Ich kann kein „r" aussprechen, das können die meisten Chinesen nicht, aber ansonsten beherrsche ich die Sprache fließend. Du hingegen hast deine Wurzeln hier und sprichst trotzdem nicht akzentfrei. Ich wette, du kommst aus Deutschland. Habe ich recht?"

Die Schnaps- und Fleischroute

„Sie sind da! Sie sind da! Die Amerikaner sind da!“ Ich sehe wie meine Nachbarin Anita in ihrem bodenlangen bunten Sommerkleid auf mich zufliegt. Sie streckt die Arme in den Himmel, während sie durch den Hof in unserem Garten auf mich zuläuft. Als sie bei mir ankommt, ist sie völlig außer Atem. „Die Amerikaner sind da. Sie stehen schon vor Miroslavs Haus und beginnen gleich mit ihrem Rundgang durch das Dorf. Sie möchten sehen, wie sich der Wiederaufbau entwickelt und ob ihre Spendengelder angekommen sind. Das musst du dir unbedingt anschauen!“
Ich lege Schaufel und Harke beiseite und wische mir die schmutzigen Hände an meiner zerrissenen Jeans ab. Dieses Spektakel möchte ich mir nicht entgehen lassen und beschließe, mit Anita zu Miroslavs Haus zu gehen, ohne mich vorher zu duschen und umzuziehen. Ich will keine Sekunde verpassen, wenn schon einmal die USA und der Balkan in unserem kleinen Dorf aufeinandertreffen.
Es ist nicht die erste internationale Besuchergruppe, die durch unser Dorf geführt wird, doch es ist stets interessant zu beobachten, wie sich die ausländischen Besucher vorsichtig und möglichst unaufdringlich in dem stellenweise noch stark zerstörten Ort bewegen. Meistens möchten sie sich einen Eindruck verschaffen, ob die Infrastruktur wieder instand gesetzt worden ist und wie viele der vertriebenen Dorfbewohner zurückgekehrt sind. In der Regel werden diese Stippvisiten von einer Nichtregierungsorganisation vorbereitet und von einem Dolmetscher begleitet. Für den heutigen Rundgang sind acht Amerikaner angekündigt, die einer konservativen protestantischen Glaubensgemeinschaft in den USA angehören. Über die

letzten Jahre hinweg haben sie große Geldsummen für den Wiederaufbau der Häuser gesammelt und betrachten nun zum ersten Mal die Ergebnisse ihrer Hilfsaktion. Miroslavs Haus ist die Anlaufstelle für die meisten der ausländischen Besucher, weil seine Frau und er ein gutes Beispiel für eine funktionierende Mischehe darstellen. Miroslav ist katholisch, seine Frau Merima ist Muslimin. Sie fühlen sich verpflichtet dazu, die Besuche und die immer gleichen Fragen über sich ergehen zu lassen, da ihr neues Leben nicht zuletzt auf großzügigen Spendengeldern begründet ist. Und Miroslav und Merima zu sehen, scheint den Besuchern Hoffnung zu geben, dass eine Versöhnung und ein friedliches Zusammenleben der unterschiedlichen Ethnien auf dem Balkan möglich sind.

Als wir bei Miroslavs Haus ankommen, herrscht bereits große Aufregung. Der Dolmetscher hat für ein paar Sekunden das Bewusstsein verloren und liegt kreidebleich auf einer Holzbank vor dem Haus. Alle haben sich um ihn geschart, und erörtern gemeinsam den möglichen Grund seines Zusammenbruchs. Der offensichtlichste, dass es nämlich 40 Grad im Schatten sind, kommt nicht in Betracht.

„Trink einen Schluck *loza,* das wird dir bestimmt wieder auf die Beine helfen", schlägt Miroslav vor und hält dem Dolmetscher eine Flasche mit selbstgebrannten Traubenschnaps unter die Nase.

„Hast du völlig den Verstand verloren?" faucht ihn Merima an und reißt Miroslav die Flasche aus der Hand. „Ein Schluck davon und er fällt tot um. Und was sollen erst die Gäste denken? Dass wir zu jeder Tageszeit Alkohol trinken?" Mit einer kaum sichtbaren Kopfbewegung deutet sie in Richtung einer übergewichtigen Amerikanerin, die mit missbilligendem Blick auf den Schnaps blickt. Wie sich herausstellt, leben alle Mitglieder der Glaubensgemeinschaft absti-

nent und betrachten Alkohol als das Werk des Teufels. Ob sie wissen, dass sie im Eldorado des selbstgebrannten Schnapses und des selbstgekelterten, hochprozentigen Weißweines angekommen sind?
Der Dolmetscher liegt noch immer bewegungslos da, ist aber wenigstens bei Bewusstsein. „Ich glaube, mir hat die Hitze zu sehr zugesetzt. Ich fühle mich sehr schwach und bin nicht in der Lage, den ganzen Tag über die Amerikaner zu betreuen", flüstert er mit schwacher Stimme zu Anita. Sie blickt mich an und schreit vor Freude auf: „Das kannst du doch machen! Du sprichst perfekt Englisch, das wäre doch ein riesiger Spaß!"
Ich versuche Anitas Freude zu bremsen, aber es ist schon zu spät. Miroslav, Merima und der Dolmetscher stimmen überein, dass diese Lösung in Anbetracht der Umstände die beste sei. Mit letzter Kraft setzt sich der Dolmetscher auf und erklärt den Besuchern, dass ich an seiner Stelle die Besichtigung und Betreuung übernehmen werde. Die Gäste reagieren verwundert, aber höflich, so wie es bei Amerikanern üblich ist. Ein Mann mittleren Alters mit lockigen, rotblonden Haaren, die teilweise von einer kanariengelben Baseballkappe verdeckt sind, geht auf mich zu, streckt mir die Hand entgegen und spricht mich langsam, laut und deutlich an: „Guten Tag. Wie geht es dir? Ich heiße Bob."
Der Rest der Gruppe hatte sich bereits zu uns gesellt und erwartet gespannt meine Antwort. „Es geht mir gut. Danke der Nachfrage. Ich heiße Danijela", antworte ich auf Englisch. Bob und die restlichen Amerikaner scheinen überrascht über mein nahezu akzentfreies amerikanisches Englisch, und ich sehe Erleichterung in ihren Gesichtern. „Du sprichst perfekt Englisch", lobt mich Bob. „Hast du als Flüchtling während des Krieges in den USA gelebt?"

Überrascht drehe ich mich zu Anita um. Vielleicht versteht sie seine Frage. Doch auch Anita zuckt mit den Schultern und schaut ratlos in die Runde. „Nein. Ich habe in den USA studiert und dort einen Universitätsabschluss erworben“, erwidere ich verunsichert.
„Oh, entschuldige bitte, ich hatte nur angenommen ...“ Bob mustert mich wortlos von oben bis unten und scheint jede Faser meines verwaschenen Ramones-T-Shirts und meiner schmutzigen, zerrissenen Jeans zu betrachten.
Anita begreift es zuerst, sie lacht auf und flüstert mir ins Ohr: „Er dachte, du bist ein armes ehemaliges Flüchtlingskind, weil du deine alten Klamotten für die Gartenarbeit trägst.“ Bob schaut betreten in die andere Richtung und wartet vermutlich darauf, dass sich die Erde auftut. Ich kann mir ein kurzes Lachen nicht verkneifen, möchte ihn jedoch nicht noch stärker bloßstellen und beginne mit dem Rundgang durch das Dorf.
Zuerst besichtigen wir Miroslavs Haus, das seit dem Wiederaufbau um ein Stockwerk erweitert wurde, sodass seine Kinder und Enkelkinder alle gleichzeitig einen Schlafplatz im Haus haben. Natürlich werden wir von Merima mit Schnaps, Wein und einer reichhaltigen Schinken- und Käseplatte bewirtet. Die Abstinenz der Besucher ist ein Konzept, das den Menschen hier fremd ist und deshalb einfach ignoriert wird. Anita organisiert zwei Flaschen selbstgemachten Kirschsirup, der mit Wasser verdünnt getrunken wird. Die Gesichter der Amerikaner sprechen Bände, als sie die riesigen Mengen an Speisen und Alkohol sehen. Während des Essens übersetze ich Bobs Fragen an Miroslav und Merima: Ob sie wie zuvor hier leben können? Ob sie von anderen katholischen oder muslimischen Dorfbewohnern angefeindet werden? Ob ihre Kinder unter der Situation

leiden? Dem Ehepaar sind manche Fragen sichtlich unangenehm, doch sie glauben, es den Geldgebern schuldig zu sein, so ehrlich wie möglich zu antworten. Sie wissen, dass ihr Leben ohne die finanzielle Unterstützung schwieriger wäre.

Nach einer Stunde verabschieden wir uns von den beiden, steigen in den Bus und ich fahre einige Kilometer in Richtung Norden, wo ich ihnen eine mehrheitlich von Serben bewohnte Siedlung zeigen will. Die Stimmung im Bus ist angespannt. Es kann an der Hitze oder an den vielen unterschiedlichen Eindrücken liegen. Wir können nur langsam über die holprige Straße zur Siedlung fahren, weil die Dorfstraße größtenteils nicht asphaltiert ist.

Als wir ankommen, steht schon ein Empfangskomitee bereit. Erwartungsvoll werden wir von drei alten, in schwarz gekleideten Frauen und einem älteren Mann mit Halbglatze beäugt. Der Mann geht auf mich zu, stellt sich als Jovan vor und heißt uns im Namen der serbischen Bewohner willkommen. Kurz darauf kommt sogar der Pope, der serbisch-orthodoxe Geistliche, in einer wehenden schwarzen Robe schnellen Schrittes auf uns zu. Auch er begrüßt uns herzlich und begleitet uns zu einem bescheidenen kleinen Haus, vor dem bereits eine lange Tafel aufgebaut ist. Weitere Menschen gesellen sich hinzu und bedeuten uns, Platz zu nehmen. Rechts neben der Tafel ist ein Grill aufgebaut, auf dem bereits Ćevapčići und Ražnjići brutzeln. Bob und der Rest der Gruppe steht der Schrecken ins Gesicht geschrieben: Sie realisieren schnell, dass sie schon wieder essen und trinken müssen, und zwar nicht nur ein Häppchen. Zögerlich nehmen sie im Schatten Platz und fügen sich ihrem Schicksal. Der Pope spricht ein Tischgebet, danach beginnt die Fleischorgie. Der Grillmeister sorgt für kontinuierlichen Nachschub, während ich dem

Hausherrn zu erklären versuche, dass keiner der Gäste Wein oder Schnaps trinken wird. Er ist nicht glücklich darüber, erscheint es ihm doch, als ob ihnen sein Wein oder Schnaps nicht schmecken würde. Aus religiösen Gründen keinen Alkohol zu trinken, erscheint ihm ebenso wie Miroslav unverständlich.
Nach langem Hin und Her bietet er den Gästen Mineralwasser und Fanta an, versäumt es dabei aber nicht, mir immer wieder zu sagen, dass Gäste sein Haus noch nie trocken – also nüchtern – verlassen hätten.
„Gibt es Probleme?", fragt mich Bob leise. Er spürt, dass selbst für Balkanverhältnisse diese Diskussion ein wenig zu lang und zu laut geführt wird.
„Mach dir keine Sorgen, Bob", beruhige ich ihn. „Hier ist man es nicht gewohnt, dass Gäste keinen Alkohol trinken oder die Getränke wenigstens probieren. Für sie ist es nahezu eine Beleidigung, weil sie das Gefühl haben, schlechtere Gastgeber zu sein. Vielleicht könnt ihr einfach ein bisschen mehr essen, um das auszugleichen?"
Bob lächelt gequält und kaut weiter auf seinem Spieß herum. Ich beobachte amüsiert, wie selbst durch Fast Food abgehärtete Amerikaner vor dem einheimischem Essen die Waffen strecken. Nach dem ausgiebigen Mahl beginnt Bob mit drei anderen Männern aus der Gruppe, Teller und Besteck zusammenzuräumen, um es in die Küche zu tragen. Jovan und der Hausherr blicken sie konsterniert und wortlos an. Während ich Bob schnell zu erklären versuche, dass er als Gast und vor allem als Mann niemals Haushaltspflichten übernehmen darf, höre ich bereits Jovans vorwurfsvolle Stimme: „Was machen diese Männer da? Sind sie schwul? Hast du uns tatsächlich schwule Amerikaner ins Dorf gebracht, die nicht einmal meinen Schnaps probieren möchten?"
Jovans Halsschlagader ist sichtbar angeschwollen

und sein Gesicht dunkelrot. Er lässt sich weder von mir noch vom Pope beruhigen. „Wenn das Material für den Wiederaufbau des Hauses von Schwulen finanziert wurde, dann reiße ich das Haus eigenhändig wieder ein. Das kann ich nicht akzeptieren!" Angewidert spuckt er auf den Boden und verlässt wild gestikulierend die Gäste.
Bob ist völlig durcheinander und versteht inzwischen nichts mehr. Glücklicherweise eilt mir Pope Aleksej zu Hilfe und schlägt einen Rundgang durch die kleine, geradezu trist wirkende Siedlung vor. Die Häuser sind meist sehr klein und in schlechtem Zustand. Die Menschen sind arm, die Spendengelder größtenteils an ihnen vorbeigegangen. Die Serben werden in diesem Teil des Landes nicht als Opfer des Krieges betrachtet, auch wenn sie selbst vertrieben worden sind.
Die Amerikaner wirken betroffener als am Vormittag. Ihnen wird in diesem kleinen Dorf, in dem Kroaten, Serben und Bosniaken nebeneinander leben, bewusst, wie schwer es ist, zwischen Opfern und Tätern auf dem Balkan zu unterscheiden. Seit Jahrhunderten leben die Serben in dieser Gegend, nun möchten weder Kroaten noch Bosniaken mit ihnen zusammenleben, und auch im Ausland werden sie häufig pauschal als Kriegsaggressor verurteilt.
Nach der ausführlichen Besichtigung verabschieden wir uns von Pope Aleksej und den restlichen Bewohnern und brechen zur letzten Station des Tages auf. Wir werden am Nachmittag vom örtlichen Imam in der neu errichteten Moschee zu einer Führung und einem anschließenden Kaffee erwartet. Auf der Fahrt zur Moschee, bitte ich Bob inständig, wenigstens eine Tasse türkischen Mokkas zu trinken. Den Verzicht auf Alkohol wird Imam Mehmet sicher begrüßen, aber jede weitere Aufregung möchte ich an

diesem Tag vermeiden. „Eigentlich bekomme ich von starkem Kaffee Sodbrennen", beginnt Bob vorsichtig. Mein strenger Blick lässt ihn einlenken.
Vor der Moschee wartet Imam Mehmet. In fließendem Englisch begrüßt er die Gäste und wirft mir nach gründlicher Musterung einen abschätzigen Blick zu. Er ist nicht gerade begeistert von meinem äußeren Erscheinungsbild und ich verstehe dies als Aufforderung, in der Nähe des Busses auf die Gruppe zu warten. Ich setze mich in den Schatten, unter einen Granatapfelbaum und schaue mich um. Die Moschee wurde erst vor wenigen Jahren errichtet, vor dem Krieg gab es an diesem Fleck nur unbebaute Wiesen, auf denen vereinzelte Obstbäume wuchsen und Kühe grasten. Ich lasse den Tag noch einmal Revue passieren, während rechtzeitig zum Sonnenuntergang der Ruf des Muezzins ertönt. Kurz darauf treffen einzelne Gläubige im Hof der Moschee ein, um am Abendgebet teilzunehmen. Bevor sie die Moschee betreten, waschen sie ihre Füße am Brunnen. Eine alte Frau kommt auf mich zu und lächelt mich milde an. Sie streichelt mir über die Wangen und beginnt, in einem liebenswürdigen Tonfall zu mir zu sprechen: „Hier, mein Kind, das ist für dich", sagt sie und drückt mir ein paar Geldscheine in die Hand. „Davon kannst du dir ein anständiges Oberteil und eine saubere Hose kaufen. Inschallah." Langsam dreht sie sich um und geht gebückt zum Eingang der Moschee.
Ich stecke die Geldscheine in die Tasche, seufze und blicke in die überbordenden Farben der versinkenden Sonne. Von nun an werde ich nur noch in sauberer Kleidung im Garten arbeiten, wer weiß, wann ich wieder als Dolmetscherin einspringen und eine Moschee besuchen muss.

Schwarze Katze von links

„Geh' nicht unter der Leiter durch, mein Kind!" ruft Baka aufgeregt. „Wie oft muss ich dir das denn noch sagen?" In ihren Augen liegen Angst und die Wut über mein scheinbar gedankenloses Verhalten. Ich bleibe mit meinem schweren Tablett kurz vor der Leiter stehen und blicke nach oben. Doch ich sehe nichts und niemanden außer unserem Nachbarn Merso, der auf dem Hausdach eine Satellitenanlage installiert. Fürchtet meine Großmutter ernsthaft, ich könnte die Leiter übersehen und umstoßen?
„Baka, das Tablett ist voll und schwer. Ich halte sechs Mokkatassen, Untertassen, einen Behälter randvoll gefüllt mit heißem schwarzen Kaffee, einen anderen Behälter mit heißer Milch und eine Zuckerdose in den Händen. Willst du, dass ich alles fallen lasse und mich verbrühe?", rufe ich verärgert zu meiner Großmutter hinüber, die mit vier Freundinnen auf Holzbänken im Schatten des riesigen Kirschbaumes sitzt.
Baka springt auf und läuft zu mir, so schnell sie kann. „Hör mal zu, ich bin nicht zu alt, um dir eine Ohrfeige zu geben. Hast du mich verstanden?" Ihr Blick ist eindringlich und lässt keinen Widerspruch von ihrer erwachsenen Enkelin zu. „Ich habe dir und deinen Geschwistern tausend Mal erklärt, dass ihr nicht unter Leitern hindurchgehen sollt. Das bringt Unglück, das weißt du doch."
Ich kann mich an kein negatives Ereignis in meinem Leben erinnern, das man als direktes Resultat meines unter einer Leiter Hindurchgehens werten könnte. Ich möchte mir jedoch eine Ohrfeige vor Publikum und sonstige dramatische Szenen ersparen und balanciere das schwere Tablett um die Leiter herum,

als es vom Dach tönt: „Bist du verrückt, unter der Leiter hindurchgehen zu wollen? Du hättest mich umbringen können!" Ich kann Merso zwar nicht sehen, aber der Ton in seiner Stimme unterscheidet sich nicht von dem meiner Großmutter.
„Ihr seid doch alle nicht normal hier", murmle ich in mich hinein und hoffe, dass meine Großmutter mein Gemurmel nicht hört. Sie hat aber offenbar nichts mitbekommen und ich entgehe der angedrohten Backpfeife.
Mit einem Scheppern stelle ich das Tablett auf den Tisch und beginne, den Kaffee in die Tassen zu gießen. Ein tägliches Ritual, das ich mit verschlossenen Augen durchführen könnte, auch während ich unter einer Leiter stehe. Die alte Jovanka tätschelt sanft meinen Arm und flüstert: „Du darfst nicht wütend auf deine Baka sein. Sie meint es nicht böse. Wir Alten glauben an diese Dinge, auch wenn ihr Jungen das als altmodischen Unfug betrachtet."
„Jovanka, fall' mir nicht in den Rücken", zischt meine Großmutter herüber. „Sie muss lernen, Respekt für die höheren Mächte zu empfinden, selbst wenn sie seit langem in der Fremde lebt."
In der Fremde zu leben, bedeutet in Bakas Sprache, in Deutschland geboren zu sein und dort zu leben. Dass sie selbst dort auch viele Jahre mit ihrer Familie gelebt hat, verdrängt sie meistens. Sie konnte sich nie an Deutschland, die Menschen und die Lebensweise gewöhnen. Über Jahre hinweg plagte sie Heimweh, bis sie im Rentenalter endlich nach Bosnien-Herzegowina zurückkehrte. Wenn es nach ihr ginge, kehrten wir alle zurück, auch ohne Arbeitsplatz und Zukunftsperspektive. Für sie zählt nur, dass der gesamte Familienclan maximal 30 Kilometer voneinander entfernt lebt und den traditionellen *Balkan Way of Life* fortführt, was konkret bedeutet:

Essen, tratschen, Kaffee trinken, essen, tratschen, wieder Kaffee trinken, Religionsausübung unterschiedlicher Art, essen, noch mehr Kaffee trinken und zu guter Letzt den Aberglauben in diesen Alltag integrieren.

Doch auch in Deutschland hat Baka ihren bisweilen mittelalterlich anmutenden Aberglauben fortgeführt. Je verhaltener die Menschen in ihrer deutschsprachigen Umgebung reagierten, umso vehementer trat sie für die angeblich zukunftsweisenden Bedeutungen verschiedenster Situationen ein. Laut Baka stehen schwarze Katzen selbstverständlich für herannahendes Unglück. Immer wenn sich uns eine schwarze Katze von links kommend näherte – von rechts kommend war es einfach nur eine bedeutungslose schwarze Katze –, begann meine Großmutter sofort, laut schimpfend drei Mal über die linke Schulter zu spucken. Ich fand diese Art der Abwendung von drohendem Unheil schon in Bosnien-Herzegowina peinlich. Aber als sie das erste Mal eine schwarze Katze spuckend und schimpfend in einem Dortmunder Vorort verjagte, glaubte ich, endgültig im Boden versinken zu müssen. Einige Passanten beobachteten die Szene lediglich ungläubig, war man doch in diesem Arbeiterviertel aufgrund der hohen Anzahl an Ausländern an fremdartige Lebensweisen gewöhnt. Unserer Nachbarin Frau Kowalke ging Bakas Verhalten jedoch zu weit. Sie stellte meine Großmutter zur Rede und hielt ihr eine ausgeprägte Abneigung gegen Haustiere vor, was in ihren Augen einer expliziten Ablehnung der gängigen Lebensweise in Deutschland gleichkam.

Auch wenn Frau Kowalke mit ihren eher übertriebenen, in hysterischem Tonfall vorgebrachten Vorwürfen vermutlich Recht hatte, so hätte sich Baka niemals von einer Frau in einem bunt karierten Trainingsanzug und Lockenwicklern in den Haaren mangelnde Integrationsbereitschaft vorwerfen oder gar eine Anpassung vorschreiben lassen.

„Eine schwarze Katze bedeutet in meiner Heimat, dass etwas Schlimmes in naher Zukunft geschehen wird", erklärte Baka in brüchigem Deutsch, unterstrich die fehlenden Worte aber mit zahlreichen Handbewegungen und schauspielwürdiger Mimik.

„Ich habe keine prinzipiellen Probleme mit Katzen", versuchte sie Frau Kowalke zu beruhigen.

„Aber Sie können doch nicht einfach das arme Tier verscheuchen, und dann auch noch auf die Straße spucken. Wir sind hier doch nicht bei den Hottentotten. Macht man das bei Ihnen in der Heimat etwa? Auf die Straße spucken?" Frau Kowalkes Stimme wurde zum Ende ihrer Frage hin immer höher, bis sie sich zu überschlagen drohte. Ich hoffte inständig, meine Großmutter würde einmal in ihrem Leben nicht das letzte Wort behalten wollen. Mein Wunsch sollte wieder einmal nicht in Erfüllung gehen.

„Vielleicht spucken wir auf die Straße, wenn sich eine schwarze Katze von links nähert", knurrte sie Frau Kowalke an. „Aber wenigstens dürfen bei uns Hunde nicht überall pinkeln und scheißen, so wie hier in Deutschland." Damit drehte sie sich um, packte mich am Handgelenk, zog mich fort und ließ die verdatterte Nachbarin zurück. Sie hatte nicht nur das letzte Wort, sondern auch Recht behalten, was die schwarze Katze betraf: Das Unheil war in Form des peinlichen Benehmens meiner Großmutter über uns hereingebrochen. Wochenlang traute ich mich nicht, Frau Kowalke in die Augen zu schauen oder gar mit ihrem Labrador Max draußen vor dem Haus zu spielen, so wie ich es zuvor fast jeden Tag getan hatte.

Meine Großmutter und ihre Altersgenossinnen gehören zu einer keineswegs aussterbenden Bevölkerungsgruppe in Bosnien-Herzegowina, die den Aberglauben und alte Weisheiten zu einem Bestandteil ihres Alltags gemacht haben und zum Teil ihre Entscheidungen danach ausrichten.
Als meine Cousine Lana ihr erstes Kind zur Welt brachte, war das natürlich ein freudiges Ereignis für die ganze Familie. Mutter und Sohn ging es gut und sie wurden schon nach wenigen Tagen aus dem Krankenhaus entlassen. Baka hatte Lana bereits im Vorhinein erklärt: „Du musst dich nach der Geburt 40 Tage lang schonen. Das heißt, du musst dich streng an die Bettruhe halten, darfst nichts Schweres heben und vor allem darfst du dich nicht duschen. Du kannst dich mit einem Waschlappen waschen, aber auf keinen Fall darfst du duschen!"
„Was passiert denn, wenn sie sich duscht? Löst sich ihr Körper auf, wenn er mit Wasser, das aus einem Duschkopf fließt, in Berührung kommt?", fragte ich mit spöttischer Stimme. Ich hatte genug von Bakas Ammenmärchen und wartete mit verschränkten Armen gespannt auf ihre Antwort. Baka musterte mich ruhig und überging meinen Konfrontationsversuch einfach. Stattdessen prophezeite sie mir ein ewiges Single-Dasein und Kinderlosigkeit aufgrund meines sturen Verhaltens. Abschätzig schüttelte sie den Kopf und murmelte: „Du und dein modernes Leben ..."
Ich fand nie heraus, warum eine Mutter sich kurz nach der Geburt nicht duschen, sondern nur auf andere Weise waschen durfte – und welche Folgen es haben sollte. Baka schien anzunehmen, dass uns der Ernst der Lage bewusst wurde, gerade weil sie die Konsequenzen nicht benannte. Solange ich mich erinnern kann, stellte meine Großmutter sinnlose

Regeln auf, die ich befolgte und aus Respekt vor ihr nie in Frage stellte.
Als sich im zarten Alter von drei Jahren abzeichnete, dass ich Linkshänderin sein könnte, schmiedete meine Großmutter einen Plan, um mich zu ermuntern, beim Malen und Kritzeln die Stifte in die rechte Hand zu nehmen: Jedes Mal, wenn ich einen Stift instinktiv mit der linken Hand führte, bot sie mir Schokolade an, damit ich die rechte Hand benutzte. Zusätzlich predigte sie immer wieder: „Die linke Seite ist die Seite des Teufels!" Die Folgen dieses Umerziehungsprogramms waren ein beachtliches Übergewicht und meine Fähigkeit, mit der linken und der rechten Hand schreiben zu können – dank der Schokolade jedoch schneller und sauberer mit der rechten.
Nicht nur Menschen in Bakas Alter, sondern auch jüngere – ganz gleich, ob sie in der Stadt oder auf dem Land leben – halten häufig am seit Generationen überlieferten Aberglauben fest und integrieren ihn bewusst oder unbewusst in ihr alltägliches Leben. Einmal saß ich mit ein paar Freundinnen in einem Café, in dem eine bekannte Band aus der Region ein Konzert gab. Unsere Gruppe nahm einen ganzen Tisch ein, die Stimmung war ausgelassen und wir saßen und tanzten abwechselnd. Am späteren Abend gesellten sich weitere Freunde zu uns, während ich gerade am Kopfende des Tisches mit einer Freundin sprach. Um höflich zu sein und Platz zu schaffen, rückte ich mit meinem Stuhl einige Zentimeter weiter, bis ich genau an der Tischkante eine bequeme Position fand. So konnte ich meine Beine rechts und links des Tischbeins gemütlich ausstrecken. Als ich gerade das Gespräch mit meiner Freundin Anela wieder aufnehmen wollte, sah ich, dass sie mich fassungslos anblickte.

„Ist das dein Ernst?“, fragte sie entgeistert. „Willst du da wirklich sitzen bleiben?“
Ich erschrak und überlegte, welchen Fehler ich begangen haben könnte. „Wieso? Was ist denn falsch an meinem Platz?“, entgegnete ich. „Darf ich hier nicht sitzen?“
Mittlerweile waren auch die anderen Frauen aus unserer Clique auf meinen neuen Sitzplatz aufmerksam geworden und reagierten ebenfalls mit verständnislosem Kopfschütteln, manche wendeten sich sogar ab.
„Du weißt nicht, was es für eine unverheiratete Frau bedeutet, an der Tischkante zu sitzen, oder?“, fragte Anela in versöhnlichem Tonfall.
„Also, bitte: Was es bedeutet?“ Ich lehnte mich zurück und konnte mir ein süffisantes Lächeln nicht verkneifen. Ohne Zweifel würde nun eine dramatische Prophezeiung oder wenigstens ein ausführliches Referat über das Verhältnis zwischen jungen Frauen und Tischkanten folgen.
„Ist dir noch nie aufgefallen, dass keine von uns je an einer Tischkante Platz nimmt, wenn wir Frauen in einer größeren Runde zusammensitzen? Wir vermeiden es, uns so hinzusetzen, dass die Tischkante auf unseren Bauch oder unsere Brust zeigt. Denn das bedeutet, dass wir eine böse Schwiegermutter bekommen werden.“ Kaum hörbar, so als würde das, was sie sagte, außerhalb ihres Vorstellungsvermögens liegen, fuhr sie fort: „Und setzt eine Frau sich absichtlich so hin, könnte das den Eindruck erwecken, sie habe kein Interesse daran, jemals zu heiraten.“
Ich versuchte, ernst zu bleiben, und wollte ihr nicht das Gefühl geben, ich würde mich über sie lustig machen, auch wenn es mir schwer fiel, nicht laut loszulachen. Ich lehnte mich nach vorne und sagte beschwichtigend: „Anela, natürlich möchte ich den

Mann fürs Leben finden, vorzugsweise ohne böse Schwiegermutter." Anela beobachtet zufrieden, wie ich von der Tischkante wegrückte. „Aber du musst mir einen Gefallen tun: Bitte erzähle niemandem davon, dass ich heute Abend an der Tischkante gesessen und keine Anstalten gemacht habe, den Platz zu wechseln – vor allem nicht meiner Großmutter. Wenn sie davon erfahren würde, hätte ich keine ruhige Minute mehr. Baka würde sicherlich jede freie Minute mit Kaffeesatzlesen verbringen, um herauszufinden, ob ich nicht doch eines Tages einen Mann finden werde."

Barfuß auf der Baustelle

„Wann kommst du endlich raus zum Spielen?“, schrie meine Freundin Anita ungeduldig durch das offene Fenster. Es war acht Uhr morgens und ich schlang die letzten Löffel *droba* hinunter so schnell ich konnte – ein Frühstück, das ich stets verabscheute: Alte Brotreste, die in frische, lauwarme Kuhmilch getunkt wurden, auf der die Haut schwamm. Dieses Frühstück war jedes Mal eine Qual, doch ich konnte meine Großmutter nicht überreden, die Zutaten auszutauschen: Corn Flakes statt harten Brotbrocken und kalte, pasteurisierte Milch statt lauwarmer Kuhmilch, das wäre ein Fest gewesen! Aber wie ein Feldwebel wachte sie darüber, dass wir Kinder jeden Morgen eine Schüssel *droba* aßen. Ansonsten durften wir nicht die Küche, geschweige denn das Haus verlassen. All meine Versuche, mich zu erbrechen oder es wenigstens vorzutäuschen, um die gesundheitlichen Folgen von *droba* aufzuzeigen, schlugen fehl und ließen meine Großmutter sichtlich unbeeindruckt.
„Sei froh, dass du etwas Gesundes zu essen hast. Wir hatten während des Zweiten Weltkrieges gar nichts zu essen. Gar nichts!“, erklärte sie uns Enkelkindern mit erhobener Stimme. Wir waren uns im Gegensatz zu Baka nicht sicher, ob frische Milch, auf deren Oberfläche eine dicke Haut schwamm, wirklich zu unserem Wohl war. Und während wir die *droba* herunterwürgten, blieb uns nur, auf ein besseres Mittagessen zu hoffen. Denn auch das bot in der Regel keine große Abwechslung: Meistens gab es Kartoffeln, Gemüse und Fisch oder Fleisch, doch natürlich kam man nicht jeden Tag in den Genuss von Fleisch. Nudelgerichte waren völlig unbekannt und die Küche im Allgemeinen sehr einfach. Man aß, um satt zu werden, und

weniger, um zu genießen. Gleichzeitig schien zumindest für meine Großmutter das Essen ein Allheilmittel zu sein, das jederzeit eingesetzt werden konnte: Kam ich schlechtgelaunt aus der Schule nach Hause, forderte Baka mich auf, erst einmal etwas zu essen. Schlug ich mir beim Spielen oder Fahrradfahren mein Knie auf, wurde ich mit einer großen Portion *burek* belohnt, einer mit Hackfleisch gefüllten Blätterteigtasche. Durfte ich nicht mit meinen älteren Cousins und Cousinen zum Stausee, weil ich noch zu klein war und nicht so gut schwimmen konnte, wurde ich mit cremigen Törtchen und allerlei anderem süßem Gebäck getröstet. Das bekannte Sprichwort „Liebe geht durch den Magen" scheint auf dem Balkan nicht in erster Linie auf verliebte Paare zuzutreffen, sondern vielmehr eine der wichtigsten Grundlagen zu beschreiben, auf der das Verhältnis zwischen Eltern und Kindern oder Großeltern und Enkelkindern aufgebaut ist. Die unabwendbare Folge ist eine beachtliche hohe Zahl übergewichtiger Kinder, sowohl in den Städten als auch in ländlicheren Regionen.

„Komm', die anderen sind schon an der Baustelle und bauen weiter", keuchte Anita aufgeregt, während wir zur 500 Meter entfernt liegenden Baustelle rannten. Weil es keine richtigen Spielplätze gab, war die Baustelle einer unserer beliebtesten Orte zum Spielen und Toben. Ein Serbe namens Rade aus Schweden war der ungewollte Sponsor unseres eigenen Abenteuerspielplatzes. Er kam nur im Sommer ins Dorf und baute auch nur in diesen acht Wochen an seinem Haus. Wir sprangen in dem Rohbau herum, die Jüngeren aus unserer Clique spielten Mutter, Vater, Kind, die älteren bauten Höhlen in den einzelnen Zimmern oder balancierten auf den unverputzten Wänden. Die älteren Mädchen spielten stundenlang Gummitwist und wanderten dabei von Zimmer zu Zimmer, wobei das Gummiband in jedem neuen Zimmer ein Stückchen höher wandern musste. Diejenigen Kinder, deren Eltern Schafe, Kühe oder Ziegen hielten, kamen mit ihren Tieren und ließen sie auf der unbebauten Wiese grasen. So konnten sie ihre Pflichten wahrnehmen und gleichzeitig mit den Freunden spielen.

Der Eigentümer des Hauses war nicht begeistert darüber, dass wir sein Haus zu einem Spielplatz umfunktionierten. Er kam jeden Sommer zu meiner Großmutter und schimpfte: „Kannst du nicht dafür sorgen, dass deine Blagen aufhören, auf meinem Grundstück und in meinem Haus herumzutoben?"

Baka entgegnete ruhig: „Ich kann sie ja nicht im Haus anketten. Hier im Dorf passiert doch nicht viel, sie haben fast keine Abwechslung. Da bin ich froh, wenn die sie ruhig miteinander spielen und nichts anstellen."

„Was heißt, sie stellen nichts an?", schrie Rade. „Sie spielen in meinem Rohbau! Fast jeden Tag tragen sie Ziegelsteine von einer Ecke in die andere, und ich muss wieder alles sortieren, bevor ich weiterbauen kann!"

„Dann bau' ihnen doch einen Spielplatz, einen von der Sorte, wie ich sie in Deutschland schon gesehen habe, mit einer Rutsche, Schaukeln und einem Klettergerüst. Dann ist das Problem gelöst", erwiderte meine Großmutter mit unbeteiligtem Gesichtsausdruck in ihrer gewohnt pragmatischen Art.

„Ich? Einen Spielplatz?", fragte Rade fassungslos.

„Es stört niemanden außer dir, dass die Kinder in deinem Haus sind. Wenn es fertig ist und Möbel darin stehen, erlaube ich ihnen natürlich nicht mehr, dort zu spielen. Aber du lebst ja nicht einmal hier."

„Du bist völlig verrückt", sagte Rade kopfschüttelnd und seufzte. „Wenn du den Kindern schon nicht ver-

bietest, sich auf fremden Privatgrundstücken aufzuhalten, dann sorg' wenigstens dafür, dass sie Schuhe beim Spielen tragen. Sie springen immer barfuß zwischen den Steinen und Splittern herum. Sie könnten sich ernsthaft verletzen."
Meine Großmutter erstarrte. „Du kannst ihnen gerne Turnschuhe aus Schweden mitbringen, alter Besserwisser", fauchte sie dann und wandte sich wieder ihrer Küchenarbeit zu. Rade verließ wortlos das Haus und wusste nicht, womit er Bakas Ärger auf sich gezogen hatte. Sie hätte ihren Enkelkindern gerne regelmäßig neue Kleidung und Schuhe gekauft, doch das war zu jener Zeit nicht einfach. Das Sortiment in den Kaufhäusern in den Städten war klein und meist von schlechter Qualität. Manchmal waren die Kleidungsstücke wochenlang nicht in den passenden Größen zu finden. Bis sie schließlich in den Geschäften auslagen, waren wir alle schon wieder ein Stück gewachsen.
Wir hatten zwar immer ausreichend Kleidung und Schuhe, aber nicht im Überfluss. Deshalb gewöhnten wir uns daran, Dinge nicht so schnell abzunutzen und nicht so viel Auswahl zu haben. Man konnte im ehemaligen Jugoslawien nicht alles bei Bedarf kaufen, schon gar nicht, wenn man auf dem Land lebte und nur selten in die Stadt kam. Nur wenige besaßen Autos und waren mobil. Eine Fahrt mit dem klapperigen Bus, der tagsüber einmal pro Stunde verkehrte und alle paar Minuten hielt, um Passagiere ein- oder aussteigen zu lassen, konnte den Ausflug in die Stadt zu einer Tagesreise werden lassen. Es gab zwar Bushaltestellen, doch die meisten Passagiere redeten so lange auf den Busfahrer ein, bis er auch im entlegensten Winkel hielt, sehr zum Ärgernis der übrigen Mitreisenden. Das konnte an nahezu jedem Fleck auf der Strecke zwischen Stadtmitte

und den umliegenden Dörfern sein: Eine heruntergekommene Tankstelle im Nirgendwo, eine illegale Mülldeponie oder auch mitten auf der Bundesstraße. In diesen verlassenen und trostlosen Landstrichen sah man nichts außer einigen wenigen verstreuten Häusern, in deren Richtung sich die aussteigenden Fahrgäste langsam bewegten, bepackt mit zahlreiche Taschen und Tüten. Außerhalb der Städte waren die Dörfer häufig nur dünn besiedelt und die Häuser sehr einfach – oder man fand sich in den Industriezonen wieder, die permanenten von einem grauen Dunst überzogen waren.
Ich kam in meiner Kindheit nur selten in die Stadt, aber es war jedes Mal ein Abenteuer für mich. Die Geschäfte, die Cafés und die bunten Reklametafeln erschienen mir unheimlich interessant und fremd, obwohl wir nicht allzu weit von der nächsten Stadt entfernt lebten. Ein besonderes Erlebnis war es, im Restaurant essen zu gehen. Ein Cousin meiner Großmutter war der Inhaber eines kleinen Lokals in der Altstadt, in dem ich die besten Čevapčići meines Lebens serviert bekommen habe. Kurios war die Speisekarte: Die Preise der einzelnen Gerichte waren nicht angegeben, weil der Dinar durch die enorme Inflation jeden Tag kontinuierlich an Wert verlor und die Preise des Vortages am nächsten Morgen schon nicht mehr aktuell waren. Für uns gab es einen Familienrabatt, und wenn ich meine Portion artig aufaß, wurde ich mit einem Softeis belohnt, das sofort gegessen werden musste, weil es in der Hitze ansonsten innerhalb von Sekunden geschmolzen wäre. Das Eis schmeckte nicht besonders gut, aber das war egal, weil es war etwas, das wir nur selten essen durften. Die Hauptsache war, dass man den Freunden im Dorf erzählen konnte, man hatte in der Stadt ein Softeis gegessen.

Im Gegensatz zu deutschen Eltern empfinden es Eltern und Großeltern auf dem Balkan meist als Belastung, ihre Kinder und Enkelkinder in die eigenen Tätigkeiten einzubinden, selbst wenn es um so Alltägliches geht wie die Einkäufe im Stadtzentrum. „Ach, jetzt muss ich die Kinder mitnehmen, und das bei dieser Hitze", hörte ich meine Großmutter regelmäßig klagen. Es ist ein typischer Ausdruck der Mentalität in Bosnien-Herzegowina, sich über nahezu alles zu beklagen, allem voran über die eigenen Kinder. Die weinerliche, schwere Stimme und die theatralischen Gesten lassen Balkan-Besucher glauben, dass die Kinder Ursache allen Übels überhaupt seien. Dabei ist das Klagen eine für den Balkan typische Form der Verständigung, ebenso wie der allgemein raue Umgangston, der sowohl unter Erwachsenen als auch zwischen Erwachsenen und Kindern herrscht.

Tatsächlich ist es in Bosnien-Herzegowina viel eher Grund zur Klage, wenn ein Paar keine Kinder hat, denn sie sind der elementare Bestandteil jeder Familie. Sie gehören dazu, um die Beziehung eines verheirateten Paares zu vervollständigen – und ohne Kind gilt ein paar nicht als Familie. Selbst in den Großstädten trifft man nur selten Frauen, die sich offen dazu bekennen, keinen Kinderwunsch zu hegen. In der öffentlichen Diskussion, die von traditionell-konservativen Denkmustern geprägt ist, gibt es keinen Raum für alternative Familienentwürfe wie gleichgeschlechtliche Beziehungen oder Patchwork-Familien. Zwar ist die Scheidung von Ehen bereits seit vielen Jahren verbreitet, birgt aber immer noch ein Stigma des Versagens, vor allem für die Frauen. Diese geraten durch die Ehescheidung oft in Existenznot, da das Scheidungsrecht nur selten für einen finanziellen Ausgleich sorgt und sie nach vielen Jahren als Hausfrauen und Mütter keinen Beruf erlernt oder ausgeübt haben, sodass ihnen der Einstieg oder die Rückkehr in die Arbeitswelt fast nicht mehr möglich ist. Es ist deshalb nicht verwunderlich, dass sich viele Frauen eher dazu entscheiden, in einer unglücklichen Ehe auszuharren, als sich dem Stigma der Scheidung und einem Leben am Existenzminimum auszusetzen.

Dieses Dilemma bleibt auch den betroffenen Kindern nicht verborgen. Sie wachsen häufig mit der Vorstellung auf, die Ehe sei in erster Linie eine Versorgungsgemeinschaft, die nichts oder nur wenig mit Liebe, Zuneigung und Vertrauen zu tun hat. Während in Teenagerjahren noch das naive und eher unschuldige Verliebtsein vorherrscht, findet dieses durch eine ungeplante Schwangerschaft ein abruptes Ende. Vor allem in ländlichen Regionen herrscht das ungeschriebene Gesetz: Wird eine Frau schwanger, muss sie geheiratet werden, auch wenn sich das Paar kaum kennt oder niemals vorhatte, in einer festen Beziehung miteinander zu leben. Schon in jungen Jahren werden deshalb viele Mädchen von ihren Vätern explizit bedroht und nicht selten heißt es: „Wenn du ledig schwanger wirst, dann bringe ich dich um."

Es ist nicht leicht mit strikten Tabus und Verboten hinsichtlich der Sexualität aufzuwachsen, wenn die Pubertät alleine einem das Leben schon schwer genug macht. Die jungen Mädchen schminken sich stark und ziehen sich ihrem Alter unangemessen freizügig an, um die Blicke der Jungs auf sich zu ziehen. Ihr äußeres Erscheinungsbild ist auffallend, gleichzeitig aber bleiben die Mädchen passiv, die Initiative ergreifen üblicherweise die Jungen. Diese wiederum beginnen im Alter von 14 oder 15 Jahren, sich vermeintlich wie Erwachsene zu benehmen, indem sie rauchen, Alkohol trinken und viel zu schnell mit ihren Motorrollern unterwegs sind. Stundenlang sit-

zen sie in Cafés, trinken, rauchen und albern herum, während die Mädchen in kleinen Grüppchen vorbeiflanieren und die Straßen zu Laufstegen machen. Lernen sich ein Junge und ein Mädchen kennen und es entwickelt sich hieraus eine Beziehung, so wird sie normalerweise vor der Familie geheim gehalten, manchmal bis zur Verlobung. Man besucht sich nicht gegenseitig zu Hause, sondern trifft sich nur zum Ausgehen in der Stadt und zum Küssen im Auto oder an einem anderen ungestörten Ort. Oft wird die Familie erst eingeweiht, wenn nach jahrelanger Beziehung konkrete Hochzeitspläne geschmiedet werden oder eine Schwangerschaft die Hochzeitsabsichten ungewollt beschleunigt.
Die Kinder in Bosnien-Herzegowina verinnerlichen die Geschlechterrollen schon früh. Vor allem in den ländlichen Regionen herrscht ein patriarchalischer Verhaltenskodex, der bestimmt, was Frauen und Männer zu tun oder zu lassen haben – und natürlich gewährt dieser Kodex den Jungen mehr Freiheiten als den Mädchen. Jungen dürfen bis spät in die Nacht ausgehen, sie bekommen mehr Taschengeld, haben weniger Pflichten im Haushalt zu erfüllen und sie bekommen entweder einen Motorroller oder ein Auto zur Verfügung gestellt, damit sie früh unabhängig werden. Mädchen hingegen sollen möglichst langsam das heimische Nest verlassen.
Die zunehmende Bildung und die Öffnung des Landes in Richtung Westeuropa sorgen zwar zunehmend für eine Auflösung der Geschlechterstereotype und gewähren mehr Raum für unterschiedliche Lebensweisen, trotzdem können sich auch die meisten Erwachsenen jedoch nicht von den traditionellen Geschlechterrollen lösen. Darüber hinaus leben sie ihren Kindern eine Form der Beziehung vor, in der vermeintlich Moral und Anstand gewahrt werden,

die sich in der Praxis aber vor allem durch einen sehr distanzierten Umgang miteinander auszeichnet. Nur in den Großstädten des ehemaligen Jugoslawiens, in Belgrad, Zagreb oder Sarajevo, lassen sich die jüngeren Generationen schon seit einiger Zeit nicht mehr in ein Korsett aus Tugend, Anstand, Moral und Religion zwängen. Sie drücken sich offen und frei durch Musik, Literatur oder Kunst aus, leben in Wohngemeinschaften oder als unverheiratetes Paar in einer Wohnung, und sie bereisen die Welt, sofern es ihnen finanziell möglich ist und sie als Bürger Bosnien-Herzegowinas oder Serbiens das jeweilige Visum bekommen können. In den Städten hat sich viel verändert, auch wenn der Nationalismus der 1990er Jahre noch immer deutliche Spuren hinterlassen hat. Besonders ausgeprägt findet man ihn bei jungen Männern, die mithilfe der nationalistischen Ideologie auch ihr Bild vom dominant-heroischen Mann pflegen. Aber trotz aller Hindernisse hält die Gleichberechtigung langsam aber stetig Einzug in Bosnien-Herzegowina.

Ich erinnere mich genau an die endlosen Diskussionen mit meiner Großmutter, kurz nachdem sie realisiert hatte, dass ich mit einem Mal kein kleines Mädchen mehr, sondern stattdessen ein sturer Teenager war. Ich beharrte darauf, genau so lange ausgehen zu dürfen wie meine älteren Cousins, woraufhin meine Großmutter die Hände über dem Kopf zusammenschlug: „Nichts da! Wenn ich dir das erlaube, werden die Nachbarn denken, du bist ein leichtes Mädchen." Ich hatte keine Ahnung, was ein leichtes Mädchen war, aber Bakas strenger Blick legte nahe, dass keine ihrer Enkeltöchter auch nur ansatzweise eines werden würde. Nach zahlreichen erfolglosen Versuchen, auch abends das Haus ohne erwachsene Begleitung verlassen zu dürfen, widmete ich mich deshalb verstärkt meiner Lieblingsbeschäftigung, dem Lesen.

Stundenlang lag ich in meinem Bett und las jedes Buch, das ich finden konnte. Doch auch diese ruhige und äußerst anständige Beschäftigung begann meine Großmutter zu beunruhigen.
„Lies nicht so viel, sonst wirst du zu schlau", warnte sie mich und versuchte, mir mein Buch wegzunehmen. Das widersprach allem, was ich in der Schule zu hören bekam.
„Was redest du denn für einen Unsinn, Baka? Man kann nicht zu schlau sein", entgegnete ich, während ich versuchte, meine Lektüre zurückzuerobern.
„Aber wenn du so viel liest und dir das alles merkst, wirst du irgendwann klüger als die Jungs sein. Und glaube mir: Kein Junge möchte, dass seine Freundin klüger ist als er selbst", sagte sie in eine verschwörerischem Ton.
Wie so oft konnte ich die Gedanken meiner Großmutter nicht nachvollziehen und versuchte es auch nicht weiter. Nahezu jeden Tag betete sie mir eine ihrer merkwürdigen Weisheiten vor, was meistens ein Verbot nach sich zog.
„Ich glaube, du verstehst mich nicht", setzte sie noch einmal an. „Du bist sehr hübsch, du solltest nicht auch noch klug sein. So bekommst du nie einen Jungen ab."
„Baka, ich will gar keinen Jungen kennenlernen! Ich bin erst 14", rief ich empört. Ich wollte zwar mit meinen Freundinnen alleine in die Stadt gehen dürfen, aber für Jungs interessierte ich mich nicht. Noch nicht.
„Dann bin ich beruhigt." Sie klang sichtlich erleichtert. „Du solltest trotzdem nicht so viel lesen. In diesen neuen Büchern steht viel Unsinn, vor allem über die Liebe und das Zusammensein von Männern und Frauen." Sie blickte mich eindringlich an, während sie noch immer „Der Fänger im Roggen" in den Händen hielt und das Titelmotiv kritisch beäugte. Mei-

ne Großmutter war nahezu Analphabetin und konnte nur mit viel Mühe einzelne Worte entziffern. Sie konnte unmöglich aus dem Buchtitel den Inhalt erschließen, der sie ganz und gar nicht erfreut hätte: Die Kritik des 16-jährigen Erzählers an der Verlogenheit der Erwachsenenwelt. Aber Baka hatte genügend Enkel durch die Pubertät begleitet, um zu wissen, dass die von Teenagern bevorzugten Bücher in der Regel gesellschaftskritisch, wenn nicht gar religionsfeindlich sind.
„Was soll ich denn deiner Meinung nach tun? Erst darf ich nicht ausgehen und jetzt darf ich nicht mal mehr lesen? Wir haben keinen Fernseher und hier im Dorf ist nichts los. Ohne Bücher ist es sterbenslangweilig!"
Sie überlegte kurz und schien die Optionen abzuwägen. „Na gut, du darfst lesen", sagte sie zögerlich und steckte das Buch in die Tasche ihrer Schürze. „Aber vorerst nur die Bibel! Dabei kommt man wenigstens auf keine dummen Ideen."

Nach dem Krieg ist vor dem Krieg

„Hola chica!“ ertönte eine fremde Männerstimme rechts über mir. Ich drehte mich um und erblickte einen Blauhelmsoldaten. Er saß auf einem Panzer, der mitten auf der *Avenija* – der sogenannten *Avenue*, die durch West-Mostar führt – zum Stehen gekommen war. Er trug eine verspiegelte Ray-Ban-Sonnenbrille und nickte mir lässig zu. Auf dem Ärmel seiner Uniform war eine kleine spanische Flagge aufgenäht.

Ich traute meinen Augen nicht, wie so oft in den vergangenen Tagen meines Aufenthalts. Ich war kurz nach Schließung des Friedensvertrags von Dayton und somit dem offiziellen Kriegsende in Bosnien-Herzegowina nach Mostar gereist, um meine Familie zu besuchen – und um sie zu suchen. Seit meiner Ankunft erschien mir alles surreal und unwirklich, so wie ein spanischer Blauhelmsoldat auf der Flaniermeile im Zentrum von Mostar, der versuchte, mit mir zu flirten, als ob wir uns in einer Bar oder in einer Diskothek befänden. Ich wusste nicht, ob ich darüber lachen oder weinen sollte, und schwieg stattdessen.

Es fiel mir schwer, die täglichen Eindrücke zu verarbeiten. Es war, als ob mein Gehirn nicht über ausreichend Raum verfügte, um so viele Bilder der Zerstörung, des Leids und der Not abzuspeichern. Ich hatte bis zum Ausbruch des Krieges in Bosnien-Herzegowina keine Katastrophen erleben müssen. Bei Kriegsausbruch hatte ich mich in Deutschland aufgehalten und still gelitten, ohne selbst direkt betroffen zu sein. Aber jedes Mal, wenn das Telefon klingelte, war die Angst in mir hochgekrochen, dass es schlechte Nachrichten sein könnten, wieder ein getöteter oder verwundeter Verwandter. Ich spürte die eigene Ohnmacht und Hilflosigkeit, wenn ich vor dem

Fernseher saß und die Bilder aus den umkämpften Gebieten Bosnien-Herzegowinas verfolgte. Manchmal glaubte ich einen Soldaten auf dem Bildschirm wiederzuerkennen, doch das war nur Einbildung. Aber die Angst blieb, plötzlich jemandem Bekannten in die Augen zu blicken, jemandem unter den Soldaten, die sich vor der Kamera kämpferisch und erbarmungslos gegenüber ihren Feinden gaben, jemandem in den Flüchtlingskonvois oder gar im berüchtigten Gefangenlager Omarska. Ich schlief nur noch selten mehrere Stunden am Stück, weil mich die Angst und die Sorge auch im Schlaf nicht losließen. Erst monatelang, dann über mehrere Jahre wünschte ich mir nichts sehnlicher, als meine Familie vollzählig und gesund wiederzusehen.

Nun war ich wieder in Bosnien-Herzegowina, kurz nach dem offiziellen Kriegsende und dem Friedensschluss von Dayton, und nichts war mehr, wie ich es kannte. Einige Verwandte und Nachbarn lebten nicht mehr, unser Haus war von bosnischen Flüchtlingen aus Zentralbosnien besetzt worden, die wiederum vor serbischen Angreifern in die Herzegowina geflohen waren, viele Häuser waren zerstört oder ausgebrannt und Blauhelmsoldaten waren damit beschäftigt, das unendlich scheinende Chaos zu beseitigen.

Ich wohnte bei meinem Onkel Živac und seiner Familie in einem Vorort von Mostar, unweit vom Stadtzentrum. Onkel Živac hatte in der Armee gedient und war mehr oder weniger unbeschadet aus allem herausgekommen, zumindest trug er keine körperlichen Spuren. Ich habe nie herausgefunden, ob sein anstrengendes Verhalten auf ein post-traumatisches Stresssyndrom zurückzuführen ist oder einfach nur von seinen Macken, die er seit vielen Jahren pflegte und die ihm vor über 20 Jahren den Spitznamen „Živac" (Nerv) eingebracht hatten.

Jeden Tag zog ich mit Onkel Živac in seinem klapprigen Lada los und wir machten uns auf die Suche nach Verwandten, die während des Krieges ihre Häuser hatten verlassen müssen und woanders Zuflucht gefunden hatten. Viele waren ins Ausland geflohen, nach Deutschland, Österreich, Italien oder sogar in die USA. Manche kehrten direkt nach Kriegsende zurück in die Heimat, andere sollten nie wieder zurückkommen.
Vor meiner Reise nach Bosnien-Herzegowina hatte ich mehrere Monate lang alle möglichen Informationen gesammelt, indem ich geflohene Verwandte und Freunde in ganz Deutschland und in Italien besucht hatte. Dort erfuhr ich mehr über das Schicksal, das unsere Nachbarn und andere Dorfbewohner ereilt hatte. Ich schrieb alles auf, sammelte jede noch so kleine Information in meinem Notizbuch und fühlte mich wie eine Ermittlerin, die sich auf gefährlicher Mission befand. Es sollte eine aufwendige und äußerst verstörende Mission werden.
Mein Onkel Živac war der perfekte Partner für dieses nicht ungefährliche Unterfangen: Vor dem Krieg hatte er als Bus- und Taxifahrer gearbeitet und kannte somit jede Familie im Umkreis von 40 Kilometern. Gleichzeitig war er beharrlich und ein wenig verrückt, sodass ihm sein Gegenüber jede Information gab, die er haben wollte, nur um ihn wieder loszuwerden.
An diesem kühlen, sonnigen Herbsttag stiegen wir gut gelaunt und voller Tatendrang in Onkel Živac' Lada. Ich hatte noch Musikkassetten aus jugoslawischen Zeiten gefunden, die ich ins Auto legte. Die Musik aus friedlichen Zeiten sollte unsere lange Fahrt durch zerstörte und verlassene Gebiete begleiten. Onkel Živac runzelte die Stirn, als ich die erste Kassette einschaltete und Jugo-Rock der 1980er Jahre aus den Lautsprechern dröhnte.

„Mach' das lieber aus. Willst du uns etwa umbringen?", fuhr er mich an. „Du kannst doch nicht diesen Kommunisten-Mist aufdrehen, nachdem wir hier gerade unter Blutvergießen Jugoslawien begraben haben." Bei den letzten Worten nahm Onkel Živac' Stimme einen schrillen Ton an.
Ich wusste, er würde meine Loyalität gegenüber guter Rockmusik nicht gutheißen, ließ mich aber auf seine Bedenken nicht ein. Dadurch konnte man seinen endlosen Monologen über die Sinnlosigkeit des Sozialismus, die Verderbtheit der Balkanbewohner oder seinen großen Traum, einmal im Leben nach USA zu reisen und das Land mit dem Auto zu durchqueren, auch nicht entkommen. Besonders Amerika hatte es ihm angetan: Ständig schwärmte er von der Weite des Landes und der Möglichkeit, aus eigener Kraft erfolgreich zu sein, während er sich im jugoslawischen Sozialismus gefangen fühlte. Unsere heutige Fahrt allerdings war ganz und gar unamerikanisch: Statt in einem großen Schlitten mit heruntergelassenen Scheiben die Route 66 entlangzufahren, tuckerten wir im klapprigen, 18 Jahre alten Lada auf der Magistrale irgendwo zwischen Mostar und Sarajevo. Die Kassette mit alten jugoslawischen Rocksongs war das Einzige, was dieser Fahrt ein wenig Road-Trip-Gefühl vermitteln könnte.
„Es wird schon nichts passieren. Wir müssen das nicht laut hören", beruhigte ich ihn. „Ich möchte beim Autofahren Musik hören, habe aber keine Lust auf diese nationalistischen Hetzlieder, die an jeder Ecke zu hören sind. Es wird Zeit, dass man sich hier an gute Musik erinnert und neue Songs mit Inhalt und Tiefe schreibt."
Er rollte mit den Augen und murmelte noch: „Musik ist das Letzte, worüber wir uns jetzt Gedanken machen müssen", aber er war besänftigt. Er konnte mir

nie böse sein. Früher war ich oft mit ihm im Bus gefahren, wenn es meine Großmutter erlaubte. Ich saß immer links neben ihm am Fenster, während wir durch die Stadt und die umliegenden Ortschaften schaukelten. Stundenlang saß ich ruhig und schweigend da und entdeckte die Region, in der ich lebte, durch ein Busfenster. Seit jener Zeit verband ich Bus- oder Autofahrten mit dem Gefühl grenzenloser Freiheit. Dieses Gefühl wollte ich mir auch jetzt beibehalten, selbst wenn unsere Autofahrt durch eine Trümmerlandschaft ins Ungewisse führte.

Während wir langsam aus der Stadt hinausfuhren, versuchte ich mir jeden Quadratmeter einzuprägen und Orte, an denen ich schon einmal gewesen war, wiederzuerkennen. Ganze Stadtviertel waren zerstört und verwüstet, ausgebrannte Autos säumten die Straßen und überall hatten Blauhelmsoldaten Kontrollposten errichtet. Auf den großen Kreuzungen funktionierten die Ampelsysteme nicht mehr und der Verkehr kam ständig zum Erliegen, weil sich die Rechts-vor-links-Regel nicht durchsetzen konnte.

„Nun fahr schon, du Idiot", brüllte Onkel Živac aus dem Fenster und untermalte seine Worte mit eindeutigen Gesten. Von allen Seiten ertönte ein Hupkonzert, weil sich das Auto vor uns nicht bewegte, wahrscheinlich aus Angst vor einer Massenkarambolage.

„Ich verstehe nicht, warum er alle aufhalten muss", meckerte Onkel Živac. „Er fährt einen riesigen Geländewagen, also hat er Vorfahrt. Ist doch logisch."

Instinktiv schloss ich meine Augen, als ein Auto in minimalem Abstand an uns vorbeifuhr. Als ich meine Augen nach einer Weile wieder öffnete, waren wir an einem Checkpoint der UNPROFOR – der Schutztruppe der Vereinten Nationen – angelangt. Ein asiatischer UN-Soldat stand an einer Schranke und warf einen ausführlichen Blick in unser Auto.

„Ist das ein Chinese?", fragte Onkel Živac ungläubig. „Setzt die UN nun Chinesen ein, damit wir uns nicht mehr die Köpfe einschlagen. Ja, wissen die denn überhaupt, wo sie hier sind?"
„Ich bin mir sicher, sie wissen, dass sie sich in Bosnien-Herzegowina befinden und einen Friedensauftrag haben", erwiderte ich müde. Mein Onkel war sich nicht einmal bewusst, dass seine Frage rassistisch war.
Der UN-Soldat nickte uns zu und bedeutete uns mit einer Handbewegung, den Checkpoint zu passieren. Hierzu öffnete er mit einer Hand eine kleine Schranke und winkte mit der anderen in die Richtung, in die wir fahren sollten.
„Das ist sein Friedensauftrag? Die Schranke den lieben langen Tag zu öffnen und zu schließen? Das muss er bestimmt nur machen, weil er so klein und schmächtig ist." Onkel Živac war nahezu außer sich über die Tatsache, dass ein Soldat einer internationalen Friedenstruppe solch profanen Aufgaben nachgehen musste.
Unser erster Halt nach dem Checkpoint führte uns zum Büro einer staatlichen Organisation, die sich um Veteranen und Ex-Soldaten kümmerte, die nun Kriegsinvaliden waren. Das Büro war im Hochparterre eines Wohnhauses untergebracht und man konnte es nur über einen holperigen, mit Schlaglöchern übersäten Weg erreichen – ich fragte mich, warum nicht wenigstens der Eingang zu dieser Behörde behindertengerecht war.
Als wir das Büro betraten, kamen uns dichte Rauchschwaden entgegen. Die Angestellten und die versammelten Veteranen rauchten ausnahmslos. Im Hintergrund lief ein Fernseher, ein Fußballspiel wurde übertragen. Das Büro schien nicht nur eine Anlaufstelle für Kriegsversehrte zu sein, sondern auch Treffpunkt und Kneipenersatz. Kaffee gab es in rauen

Mengen und er war kostenlos. Mein Erscheinen löste eine blitzartige, sekundenlange Stille aus. Eine junge Frau, das hatte man hier anscheinend noch nicht gesehen, auch wenn es während des Krieges zahlreiche Soldatinnen gegeben hatte, von denen viele ebenfalls verwundet heimgekehrt sein mussten.
Onkel Živac und ich wurden vom Büroleiter empfangen, ein freundlicher, aber sehr nervöser Mann, dem ein Bein und ein Teil der rechten Wange fehlten. Ich gab ihm die Namen meiner männlichen Verwandten und Nachbarn, woraufhin er mehrere Karteikästen durchsuchte. Manche konnte er auf Anhieb finden, was bedeutet, dass sie im Krieg verwundet worden waren. Doch viele Namen fand er in seinem Karteisystem nicht und fragte kurzerhand in die Runde der rauchenden Männer, ob sie mir nicht weiterhelfen könnten. Nach langem Hin und Her erinnerte sich einer der Männer, mit meinem Freund aus Kindertagen zeitweise in einer Einheit gekämpft zu haben und dass er überlebt hatte. Zum ersten Mal heute schlich sich ein warmes Lächeln in mein Gesicht.
Wenig später waren wir wieder auf einer der holprigen Landstraßen, die von Granateinschlägen gezeichnet waren. Von Zeit zu Zeit hielten wir an, um die Dorfbewohner nach Verwandten und Freunden zu fragen. Manchmal hatten wir Erfolg und fanden jemanden wieder. Die Freude war immer groß, aber die Fassungslosigkeit über das unverhoffte Wiedersehen überwog in der Regel. Es war unerträglich, zu sehen, wie die Menschen hausten und trotzdem glücklich waren, überlebt zu haben. Wieder schrieb ich alles in mein Notizbuch, um meiner Familie die guten Nachrichten im Detail überbringen zu können: die Namen der Überlebenden, was sie durchlebt hatten, wo sie jetzt lebten und ob sie planten, in ihr Heimatdorf zurückzukehren.

Jeden Tag ging ich mit Onkel Živac auf Tour, zehn Tage lang. Jeden Tag hörten wir die alten Kassetten, jeden Tag brüllte mein Onkel andere Autofahrer an. Jeden Tag freute ich mich, jemanden wiedergefunden zu haben. Jeden Tag kämpfte ich mit den Tränen, wenn mich schlechte Nachrichten erreichten. Jeden Tag achteten wir genau darauf, nicht von der Straße abzukommen, parkten immer auf der Straße und nie am Wegrand, um nicht versehentlich auf eine Mine zu geraten. Jeden Tag sah ich verwundete Menschen und Kriegsinvaliden, die nicht auf unsere Fragen reagierten, uns mit leeren Augen oder gar nicht anblickten und eine Zigarette nach der anderen rauchten. Jeden Abend, wenn ich mich ins Bett legte, glaubte ich, am nächsten Tag nicht aufstehen zu können, das alles nicht ertragen zu können.
Manchmal ging ich abends mit meiner Cousine Katarina und ihren Freunden in ein Café im Stadtzentrum, um eine Cola zu trinken. Einige Cafés hatten geöffnet und sie waren immer voll. Die Menschen schienen sich nach Normalität zu sehnen. Es gab jedoch eine Sperrstunde, die über Lautsprecher verkündet wurde und dem abendlichen Ausgang ein Ende bereitete. Keiner der jungen Leute in Katarinas großer Clique sprach über den Krieg. Stattdessen unterhielt man sich über die neuesten Modetrends aus Deutschland und Italien und darüber, wie man selbst an solche Kleidungsstücke gelangen könnte. Ich war fasziniert, von der Leichtigkeit der Gespräche, hörte aber nur zu, ich konnte nichts sagen. Es machte mich todunglücklich, dass ich wusste, wie ich nach meiner Abreise an die neuesten Jeans aus Deutschland kommen konnte.
Einmal fuhr ich mit Onkel Živac zu unserem Haus auf der anderen Seite der Stadt, die seit zwei Jahren mehrheitlich von muslimischen Bosniern bewohnt

wurde. Auch unser Haus war eine Zufluchtsstätte für eine Flüchtlingsfamilie aus Zentralbosnien geworden. Zunächst wollten sie mich nicht ins Haus lassen. Sie befürchteten, ich würde versuchen, sie hinauszuwerfen. Ich nahm ihnen ihre Bedenken und versicherte ihnen, nur einen Blick hineinwerfen zu wollen. In meinen Augen war es nicht mehr unser Haus: Die Fassade war durchsiebt von all den Einschlägen, die Fenster waren eingeschlagen und nur notdürftig geklebt, das Parkett war in allen Zimmern herausgerissen und verfeuert worden. Die Familie hatte sich im ehemaligen Schlafzimmer meiner Großmutter eine offene Feuerstelle eingerichtet und kochte darüber ihre täglichen Mahlzeiten.
Ich hielt es kaum aus, mich in dem Haus aufzuhalten – oder in dem, was davon übrig war. Ich versuchte, mich schnell von den neuen Bewohnern zu verabschieden, und beschloss, niemals wiederzukommen. Onkel Živac war fassungslos angesichts der Ruine, die von einem einst geräumigen Haus für eine große Familie übrig geblieben war. Auf der Rückfahrt hielt er plötzlich an und stellte den Motor aus.
„Du darfst nicht weinen. Du musst stark sein und nach vorne schauen", appellierte er an mich. „Wenn du jetzt euer Haus und euer Grundstück aufgibst, dann schadest du den anderen, die um ihren Besitz kämpfen."
„Das interessiert mich nicht", schniefte ich und drehte mich weg. „Das ist nicht mehr unser Haus. Es ist eine zerstörte Bruchbude, in der Fremde leben. Das Dorf ist eine Geisterstadt. Worum soll ich denn kämpfen? Da ist doch nichts."
„Ich verstehe deine Verzweiflung, aber du musst daran glauben, dass alles wieder gut wird", versuchte er mich zu beruhigen. „Das Land und das Haus gehören seit Generationen unserer Familie und dir. Das darfst du nicht einfach aufgeben."

„Ich weiß nicht, warum ich um all das kämpfen soll, Onkel Živac, ich weiß gar nichts mehr."
Er schaute mich eindringlich an und flüsterte: „Weil es noch nicht zu Ende ist. Der Krieg ist beendet und wir werden Schritt für Schritt alles wieder aufbauen. Aber wer wo ist – die Aufteilung der Regionen durch die internationale Gemeinschaft – das bleibt nicht so. Der nächste Krieg wird kommen, das ist sicher wie das Amen in der Kirche. Weißt du, im Krieg ist es wie im Fußball: Nach dem Krieg ist vor dem Krieg."
Er lächelte über seine prophetisch anmutenden Ausführungen und ließ den Motor an. Während wir langsam der Abendsonne entgegenfuhren, dachte ich über seine Worte nach und hoffte, mein verrückter Onkel möge dieses Mal nicht Recht behalten.

Alleine in Sarajevo

„Warum möchtest du denn um Himmels Willen nach Sarajevo?“, fragt meine Großmutter ungläubig und schaut mich streng an. „Was gibt es da, was du hier nicht auch finden könntest? Hast du etwa einen Freund in Sarajevo? Sag' bitte, dass er katholisch ist!“
„Nein, ich habe keinen Freund in Sarajevo“, entgegne ich knapp und füge in beißendem Ton hinzu: „Ich hoffe, Kultur und Weltoffenheit dort zu erleben. Deshalb fahre ich hin.“
„Kultur und Weltoffenheit?“, wiederholt sie abfällig. „Die ganze Kultur liegt doch in Schutt und Asche. Die berühmte Nationalbibliothek ist abgebrannt und mit ihr Tausende von Büchern und der ganze Rest wichtiger Zeugnisse unserer Geschichte. Und die Menschen, die nun dort leben, sind auch nicht mehr dieselben wie vor dem Krieg. Die Stadt ist voll von Mitarbeitern internationaler Organisationen. Und von Arabern. Das ‚alte Sarajevo' gibt es längst nicht mehr.“
Die allgemeine Bezeichnung „Araber“ steht bei meiner Großmutter und vielen anderen Landsleuten für Muslime. Mit dem Wort wird jedoch häufig auch auf die zahlreichen Männer aus arabischen Staaten angespielt, die sich seit dem Bürgerkrieg in Bosnien-Herzegowina niedergelassen haben, meist durch die Heirat mit bosnischen Witwen. Sie bekommen so ein Anrecht auf die bosnisch-herzegowinische Staatsbürgerschaft und können im Land bleiben. Mit ihnen verbindet man in erster Linie die rasche Ausbreitung des Salafismus, einer sehr konservativen Strömung des sunnitischen Islam, die vor Ausbruch des Bürgerkriegs unter den Muslimen Bosnien-Herzegowinas nur wenig verbreitet war.

„Baka, warum möchtest du mir diesen Ausflug verderben?“ frage ich genervt. „Schlimm genug, dass niemand von der Familie mich begleiten möchte. Es würde einigen guttun, aus diesem Kaff wenigstens für einen Tag herauszukommen. Und ein Wochenende in einer Großstadt ist genau das Richtige, um mal was anderes zu sehen.“
Meine Großmutter murmelt nur etwas Unverständliches. Wir diskutieren oft darüber, ob es wichtig ist, Orte in Bosnien-Herzegowina und in Ex-Jugoslawien zu besuchen, die abseits der vertrauten Heimatregion liegen, in der die eigene Ethnie die Mehrheit stellt. Meiner Absicht, letzten Sommer nach Budva und Sveti Stefan in Montenegro zu reisen, begegnete nahezu mein gesamter Familien-Clan mit Verständnislosigkeit, wenn nicht gar mit Wut über das „unnötige Abenteuer“, wie es mein Onkel Živac bezeichnete. In gewohnt überzogener Manier fragte er mich vorwurfsvoll, wofür er und all die anderen Männer dann jahrelang im Krieg gekämpft und so viele ihr Leben gelassen hätten.
„Nur damit du nach Montenegro oder gar Serbien fährst und dich mit ‚denen‘ herumtreibst?“, schrie er hysterisch. Ich war die Wutausbrüche meines Onkels gewohnt und ließ mich auf keine Diskussion über die Sinnhaftigkeit des Krieges ein. Mein Vorhaben, nach Montenegro zu reisen, kam in Onkel Živac' Augen dem Verrat am eigenen Volk und der Familie gleich. Er unterstellte mir, mit dieser Reise den Beginn meines angeblich „sündigen Lebens“ unter Serben, Montenegrinern, Bosniern und Roma anzukündigen. Blieb ich jedoch im Kreis meiner Familie, war mir laut Onkel Živac der Status einer ehrbaren Frau gewiss.
„Warum kannst du nicht einfach an einen der vielen wunderschönen Strände in Bosnien-Herzegowi-

na oder in Dalmatien fahren und dort deine Ferien verbringen?", fragte Baka verärgert.

„Ganz einfach, ich war noch nie dort, aber ich habe schon viele beeindruckende Fotos gesehen und möchte es selbst erleben."

„Aber bei uns in Bosnien-Herzegowina, zum Beispiel in Neum, ist es an der Küste viel schöner als in Montenegro. Ich habe gehört, in Montenegro machen nur noch neureiche Russen Urlaub. Alles ist auf die und ihre primitive Dekadenz ausgelegt", schnaubte meine Großmutter abschätzig.

„Woher willst du denn wissen, wie sich Russen im Urlaub in Montenegro benehmen? Und woher weißt du überhaupt, was primitive Dekadenz sein soll?", fragte ich amüsiert.

„Deine alte Großmutter weiß eine Menge! Als ich jung war, bin ich viel herumgekommen, in Jugoslawien und in Europa. Ich war sogar einmal in Amerika, in Chicago." Ihre Augen blitzten herausfordernd. Letzteres war stets Bakas Trumpf, um ihre Weltläufigkeit zu beweisen und hervorzuheben, dass sie als Frau aus einer patriarchalischen Kultur bereits in einer Zeit ohne männliche Begleitung gereist war, in der Frauen sich vor allem im Haus oder auf dem Feld aufhielten. Wenn sie einen Ort einmal besucht hatte, glaubte sie, ihn ganz und gar zu kennen und alles darüber zu wissen. Manchmal reichte es ihr auch, etwas über eine fremde Stadt im Fernsehen gesehen oder von Nachbarn darüber gehört zu haben, um sich sogleich zur Expertin zu ernennen und anderen zu- oder abzuraten, eine Reise anzutreten. Meist riet sie von Reisen ab, da es ihrer Meinung nach nirgendwo so schön war, wie zu Hause, was meinte: unter Angehörigen der eigenen Ethnie.

Diese Meinung teilen viele Menschen in Bosnien-Herzegowina, was zu teilweise absurden Situati-

onen führt: Manche Ex-Soldaten betreten in ihren ethnisch gemischten Heimatstädten nicht die angrenzenden Stadtteile, weil sie dort während des Krieges gekämpft haben oder ihre Kameraden dort gefallen sind. Andere Bewohner wiederum bleiben ausschließlich in ihren Vierteln, weil sie ‚die anderen' nicht mögen, auch ohne dafür eine genauere Begründung parat zu haben.
Mich hingegen langweilt es, mich ausschließlich ‚im eigenen Volk' zu bewegen und ich beschließe ein weiteres Mal, das Land alleine zu entdecken. Um nach Sarajevo zu fahren, leihe ich mir Onkel Živac' alten Lada – nicht ohne seinen lauten und ausgiebigen Protest über meinen Wochenendtrip zu erdulden –, denn sein Auto vermittelt sofort das Lebensgefühl des Balkans: Nichts funktioniert richtig, aber irgendwie kommt man voran.
Da es in Bosnien-Herzegowina keine erwähnenswerten Autobahnabschnitte gibt, tuckere ich auf der Magistrale von der Grenzregion zwischen Kroatien und Bosnien-Herzegowina nach Sarajevo. Ich nehme mir Zeit, die Landschaft und die Menschen auf der Fahrt etwas genauer zu betrachten, was ich nahezu zwangsläufig mache, als ich das Tempo reduziere, weil der Lada bei einem Spitzentempo von 70 Stundenkilometern äußerst beunruhigende Geräusche von sich gibt. Anstelle der kargen, steinigen und trockenen Landschaft sehe ich mehr und mehr satte Wiesen und grüne Wälder, das Klima wird feuchter. Wären nicht so viele Moscheen zu sehen, könnte man glauben, durch den Schwarzwald zu fahren. Kaum fahre ich über die unsichtbare Grenze zwischen der Herzegowina und Bosnien, beginnt es zu regnen. Regen kann auf der Magistrale Gefahr, wenn nicht gar den Tod bedeuten, denn jugendliche Raser und abgefahrene, nicht der Jahreszeit angemessene Reifen

lassen die Strecke dann zu einem Abenteuer mit ungewissem Ausgang werden. In meiner Erinnerung tauchen sofort Bilder von Massenkarambolagen und blutenden Autoinsassen auf. Schon in meiner Kindheit hatte ich oft solche Unfälle auf der Magistrale gesehen und bin deshalb immer vorsichtig gefahren.
Nach mehr als drei Stunden erreiche ich die ersten Vororte von Sarajevo und passiere zu meiner Verwunderung ein gigantisches OBI-Gebäude. Die gesamte Länge des Baumarktes ist gesäumt von überdimensional großen Fahnen mit dem Firmenschriftzug. Wieder verkneife ich mir ein Schmunzeln und frage mich, ob im Schwarzwald jemals ein gigantischer Baumarkt neben einer Moschee im Grünen zu finden sein wird. Die Beschaulichkeit der grünen Wiesen und Wälder weicht jedoch schnell den typischen tristen Bauten des Sozialismus, je tiefer ich nach Sarajevo hineinfahre. Alles ist grau in grau, obwohl der Himmel mittlerweile aufgerissen ist und die Sonne scheint. Auf den ersten Blick erscheint Sarajevo keineswegs wie eine europäische Metropole, die Orient und Okzident verbindet. Sehr breite Zugangsstraßen in schlechten Zustand, verwahrloste und teilweise noch stark beschädigte Gebäude prägen das Stadtbild. Zahllose, von Granateinschlägen gezeichnete Hochhäuser verstärken den Eindruck einer Stadt, die vor langer Zeit aufgegeben wurde.
Langsam fahre ich durch die tristen Straßenschluchten und bilde mir ein, sogar die Menschen auf den Straßen wären alle grau gekleidet und hätten graue Gesichter. Es ist, als ob ein Dunstschleier die Stadt einhüllen würde. Ein Gefühl der Beklemmung steigt in mir hoch.
Ich folge den Straßenschildern in Richtung Zentrum und bin erleichtert, auf Anhieb mein Hotel zu finden. Im Internet wird das Hotel als Stadthotel mit

europäischem Flair beschrieben, das durch Sauberkeit, Service und moderate Preise bestäche. In Wirklichkeit ist es ein typisches jugoslawisches Hotel aus den 1970er Jahren mit rotem Velourteppich und unfreundlichem Personal. Während ich an der Rezeption warte, bemerke ich, dass es keinen Frühstückssaal zu geben scheint, sondern nur ein chinesisches Restaurant mit dem sonderbaren Namen „Golden Dragon Bosnia", das der Rezeption direkt gegenüber liegt. Der Gedanke, am nächsten Morgen möglicherweise kein Frühstück zu bekommen, beunruhigt mich.

„Entschuldigen Sie bitte", spreche ich die wasserstoffblonde, braungebrannte Dame an der Rezeption an. „Im Übernachtungspreis ist doch ein Frühstück enthalten, oder täusche ich mich?"

„Nein, Sie täuschen sich nicht", erwidert sie gelangweilt. „Frühstück gibt es morgen früh von sieben bis zehn im Frühstückssaal."

„Und wo finde ich den?", frage ich vorsichtig mit suchendem Blick.

„Da drüben", antwortet sie kaugummikauend, ohne mich anzublicken, und zeigt auf das chinesische Restaurant. Dann bemerkt sie meinen ungläubigen Blick: „Morgens wird da das Frühstück für die Hotelgäste serviert. Mittags und abends ist es ein chinesisches Restaurant. Heutzutage muss man sehen, wo man bleibt. Also versuchen wir, unsere Räumlichkeiten maximal auszunutzen."

Ich bringe meine kleine Reisetasche auf mein Zimmer und bin wieder einmal überrascht, mit welcher Beharrlichkeit in den größeren Städten Ex-Jugoslawiens am Jugo-Chic der 1970er und 1980er Jahre festgehalten wird. Abgesehen vom Bad ist das gesamte Zimmer mit einem in die Jahre gekommenen rötlichen Velourteppich ausgelegt, ähnlich dem in der

Empfangshalle. Die Einrichtung im Stil „Eiche Rustikal“ und die Holzdecke lassen den Raum klein und dunkel wirken. Doch ich fühle mich wohl in diesem Hotelzimmer, das mir so vertraut erscheint, sieht es doch aus wie all die Hotelzimmer, in denen ich in meiner Kindheit und Jugend in Ex-Jugoslawien übernachtet habe.
Ich mache mich schnell frisch und beschließe, mich in der *Baščaršija* – dem Herzen der Altstadt – die ersten Eindrücke von Sarajevo zu gewinnen. An diesem warmen Nachmittag sind viele Leute unterwegs und ich versuche, mich mit der Menschentraube zu bewegen, die sich durch die Gassen der *Baščaršija* schlängelt. Ich gehe vorbei an zahllosen Souvenirständen und Handwerksläden, deren Sortiment ausschließlich auf Touristen ausgelegt ist. Nach ein paar Minuten gelange ich zur berühmten, im 16. Jahrhundert erbauten Gazi-Husrev-Beg-Moschee. Vorsichtig betrete ich den Innenhof und suche nach anderen Frauen, um mich in ihrer Nähe aufzuhalten, während ich mich umschaue. Abgesehen von ein paar Männern mit schwarzen Vollbärten bin ich aber alleine im Innenhof, was mich verunsichert, ich möchte nicht aus Neugierde auf das Innere der Moschee respektlos erscheinen. Ich nähere mich dem Eingang möglichst unauffällig und versuche einen Blick zu erhaschen, doch ich fühle mich fremd und unwohl. Ich bilde mir ein, hier fehl am Platz zu sein, es ist, als ob ich die so oft proklamierte Kluft zwischen Islam und Christentum in Bosnien-Herzegowina in diesem Moment spüren würde, und ich flüchte schnell aus dem Innenhof.
Nachdem ich mich wieder in den sicheren Strom der Menschenmenge begeben habe, schäme ich mich. In Deutschland sehe ich jeden Tag muslimische Männer mit Vollbärten oder muslimische Frauen, die Kopf-

tuch tragen. Sie gehören zum Stadtbild jeder deutschen Großstadt. Doch hier verunsichern sie mich. Auch wenn ich mich immer gegen die Vorurteile und rassistischen Bemerkungen über bosnische Muslime wehre, scheinen sie mich doch unterbewusst beeinflusst zu haben.

Ich wandere von der *Baščaršija* in die Fußgängerzone, deren Architektur an die Zeit der österreichisch-ungarischen Herrschaft erinnert. Viele Gebäude sind unter der Österreichisch-Ungarischen Monarchie erbaut worden und ihr Stil verleiht der Stadt ein westeuropäisches Flair. Ich setze mich in ein Straßencafé und mache das, womit alle jungen und alten Bosniaken, Kroaten und Serben am liebsten den Tag verbringen: Kaffee trinken. Allerdings ist es unüblich, als Frau alleine in einem Café zu sitzen. Kaum habe ich mich hingesetzt und meine Tasche abgelegt, bemerke ich die fragenden oder sogar mitleidigen Blicke der anderen Cafébesucher. Doch mein Bedarf an Koffein ist stärker als meine Verunsicherung. Während ich in meiner Tasche nach einem Buch krame, steht auch schon ein junger, attraktiver Kellner vor meinem Tisch.

„Ist das dein Ernst? Du willst hier auf diesem Platz alleine einen Kaffee trinken?", fragt er genervt.

Ich starre ihn fassungslos an. Was geht es ihn an, dass ich alleine Kaffee trinken möchte oder, genauer gesagt, den Kaffee alleine trinken muss, da ich offensichtlich ohne Begleitung unterwegs bin?

„Ich hätte gerne einen Espresso und ein Glas Wasser", bitte ich in betont höflichem Ton und ignoriere bewusst seine unverschämte Frage.

Er rollt wieder mit den Augen. „Und du bist nicht einmal von hier. Das höre ich an deinem Akzent und deiner gestelzten Art, zu sprechen."

Er hat natürlich Recht. Die Sprache ist eines der Mittel,

mit dem man deutlich seine ethnische Zugehörigkeit ausdrücken kann, und in meiner ständigen Bemühung, mich politisch korrekt zu verhalten, versuchte ich neutral zu sprechen, also weder Bosniakisch noch Kroatisch noch Serbisch. Natürlich gelingt das nicht. Eine neutrale Sprache gibt es in diesem Land schon lange nicht mehr.

„Pass auf, mein Freund", erwidere ich verärgert, „dein *bakšiš* (Trinkgeld), wie *ihr* hier zu sagen pflegt, ist soeben den Bach runtergegangen. Entweder du bringst mir jetzt einen Espresso und ein Glas Wasser oder ich gehe in ein anderes Café, das auch Frauen bedient, die mit einem Buch in der Hand alleine an einem Tisch sitzen."

Ein Lächeln huscht über sein Gesicht, dann grinst er mich an. „Du bist schlagfertig, das mag ich", sagt er und beugt sich zu mir hinunter. „Ich bringe dir gleich deine Getränke – und heute Abend gehen wir zusammen was trinken. Ohne Hintergedanken. Wir treffen uns um 21 Uhr vor der Orthodoxen Kirche. Ach ja, ich bin übrigens Amir."

Seine Dreistigkeit macht mich sprachlos. Kurz darauf bringt er mir die Getränke, kassiert ab und zwinkert mir zu: „Bis heute Abend!"

Ich bleibe nicht lange, sondern breche schnell zur nächsten Straßenbahnstation auf. Von dort fahre ich in den Stadtteil Ilidža. In der Nähe der Endhaltestelle liegt der Ausgangspunkt des Kriegstunnels von Sarajevo, durch den während der serbischen Belagerung der Stadt Nahrung, Waffen, verwundete Soldaten und Zivilisten transportiert wurden. Ich habe Glück und kann mich spontan einer kleinen Gruppe amerikanischer Touristen und Blauhelm-Soldaten anschließen, die am Ausgang des Tunnels steht. Der Touristenführer ist ein bosnischer Ex-Soldat, der während des Kriegs gegen die serbischen Angreifer

gekämpft hat. Äußerlich hat der Krieg keine Spuren an ihm hinterlassen, doch seine eindrucksvollen präzisen Berichte über den Bau des etwa 800 Meter langen und fünf Meter tiefen Tunnels und seiner Nutzung lassen erahnen, was der Mann während der Belagerung erlebt und überlebt hat. Die amerikanischen Touristen sind sichtlich geschockt und zwei Frauen wischen sich ein paar Tränen ab. Ich empfinde keine Trauer, sondern höre ihm nur zu und erkenne seine Erzählungen wieder. Seine Geschichten und Fakten sind auch die meiner Angehörigen, die an anderen Orten in Bosnien-Herzegowina in verschiedenen Armeeeinheiten gekämpft haben.
Im Anschluss an die Tour folge ich der Empfehlung des Ex-Soldaten und gehe in eine typische *buregdžinica,* wo *burek* (Blätterteig mit Hackfleisch), *sirnica* (Blätterteig mit Käse) und *krompiruša* (Blätterteig mit Kartoffeln) serviert werden. Den amerikanischen Tunnelbesuchern war der Appetit vergangen und die UN-Soldaten mussten zurück auf ihre Posten. Also betrete ich wieder alleine ein Restaurant und wieder ziehe ich fragende Blicke auf mich. Nachdem ich zwei Portionen *burek* mit Joghurt hinuntergeschlungen habe, verlasse ich das Restaurant und Ilidža in Richtung Stadtzentrum. Es scheint in diesem Kulturkreis unmöglich zu sein, alleine auszugehen, ohne angestarrt oder angesprochen zu werden. „Das kann doch nicht wahr sein“, murmele ich mich hinein. Meine Großmutter ist in den 1950er Jahren alleine nach Chicago gereist und ich kann in Sarajevo nicht einmal alleine *burek* essen, ohne wie eine Außerirdische angestarrt zu werden. Es hat den Anschein, dass die Stadt bei weitem nicht so weltläufig und offen ist, wie ich geglaubt hatte.
Beim Hinausgehen entschließe ich mich, meine Bedenken zu ignorieren und mich abends mit Amir

zu treffen. Es ist sicherlich interessanter und angenehmer, mit einem Einheimischen das Nachtleben von Sarajevo zu erkunden. Um kurz nach neuen komme ich zur Orthodoxen Kirche in der Innenstadt – und er wartet bereits auf mich.
„Da bist du ja", sagt er und umarmt mich kurz. „Auf welche Musik stehst du?" fragt er. „Magst du Rockmusik? Ich kenne einen Club, wo eine Band aus der Stadt spielt. Die sind wirklich gut."
Ich bin überrascht, wie offen und freundlich er ist, obwohl wir uns erst seit ein paar Minuten kennen, und willige ein. Auf dem Weg zum Club erzählen wir ohne Unterlass, über die Sehenswürdigkeiten von Sarajevo, den Tunnel, die Stadt vor und nach dem Krieg und Amirs VWL-Studium. Wir interessieren uns beide für amerikanische Independent-Filme, Yoga und Fotografie. Er zeigt mir auf dem Weg zum Club einige Orte, die in keinem Reiseführer vermerkt sind, wie zum Beispiel den Platz, auf dem während der Belagerung Menschen, die in einer Schlange um Brot anstanden, einfach erschossen wurden.
„Der Platz wurde nie richtig gereinigt", sagt Amir leise. „Das Blut der Toten ist irgendwo unter den Steinen und dem ganzen Unkraut, das seit Jahren sprießt." Ich erinnere mich an die grausamen Bilder aus dem Fernsehen. An jenem Tag war ein Waffenstillstand mit den serbischen Truppen vereinbart worden, damit die Menschen Brot und Nahrungsmittel besorgen konnten. Doch die Angreifer schossen auf unschuldige Zivilisten und die internationale Gemeinschaft sah hilflos zu, wie so oft. An diesem Platz zu stehen, berührt mich viel mehr als die Führung zum Versorgungstunnel. Vielleicht liegt es an Amir, der nach all den Jahren des Friedens noch immer an das vergossene Blut denkt.
Im Club angekommen, setzen wir uns zu einer Grup-

pe von Amirs Freunden, und ich werde wieder herzlich begrüßt, als ob wir uns schon lange kennen würden. Sie erzählen von ihrem Alltag in Sarajevo und ich habe das Gefühl, er unterscheidet sich gar nicht so sehr von meinem oder dem meiner Familie. Die Band spielt Hard- und Punkrock und ihre Songtexte handeln von verlorener Jugend, Armut, Kriegsinvaliden und Tod.
„Wieso hast du mich mit hierher genommen?", frage ich Amir beim vierten Bier.
„Damit du ein bisschen was vom Leben in Sarajevo mitbekommst, außerhalb der üblichen Touristenrouten", antwortet er. „Und damit du nicht mehr alleine durch die Stadt irrst. Das war ja nicht mehr mit anzusehen", sagt er schmunzelnd.
„Aber morgen muss ich wieder nach Hause. Wieso machst du dir überhaupt die Mühe, mich herumzuführen und dich mit mir zu unterhalten?", frage ich lachend.
Er denkt kurz nach. „Ich weiß nicht genau. Vielleicht, weil Sarajevo auch deine Stadt ist, genauer gesagt: die Hauptstadt deiner Heimat. Auch wenn du keine Muslimin bist. Viele denken, hier leben nur UN-Angestellte und fundamentalistische Muslime. Das ist Blödsinn", sagt er. „Es macht nichts, dass wir uns nur heute Abend sehen. Und ich hab' dir gesagt, ich habe keine Hintergedanken. Wir leben zwar zusammen in Bosnien-Herzegowina, aber machen wir uns nichts vor: Ich könnte niemals eine Nicht-Muslimin mit nach Hause bringen."
Sein letzter Satz bringt uns beide zum Lachen. Irgendwie beruhigt es mich, dass auch die Muslime Vorurteile gegenüber Katholiken hegen. Ich fand es noch nie so erleichternd, diskriminiert zu werden.

BalkanBeats

2004 wohnte ich für kurze Zeit in Berlin, nachdem ich ein Forschungsstipendium an der Freien Universität erhalten hatte. Meine anfängliche Begeisterung, nach langen Tagen in der Bibliothek abends die Musik- und Kunstszene der Hauptstadt zu erkunden, wich schnell der Ernüchterung: Die Wege in Berlin waren weit und es machte nur wenig Spaß, alleine loszuziehen und sich unters Partyvolk zu mischen. Ich fühlte mich fremd und einsam, und zum ersten Mal verspürte ich einen leichten Anflug von Heimweh nach irgendetwas Bekanntem. Es war Zufall, dass ich einige Tage später einen Flyer in die Hand gedrückt bekam, der zur BalkanBeats-Party im Stadtteil Friedrichshain einlud. Meine Neugier war geweckt und ich beschloss, mir dieses Ereignis nicht entgehen zu lassen – auch wenn ich keine Ahnung hatte, was mich erwarten würde: Hippe Berliner, die zu traditioneller Balkan-Folklore tanzten? Was verstanden die Veranstalter überhaupt unter „Balkan"? Auf jeden Fall wirkte es beruhigend auf mich und ich hoffte, bei der Party ein paar Landsleute kennenzulernen und meiner Einsamkeit in der fremden Großstadt ein Ende zu bereiten.
Als ich am Veranstaltungsort ankam, war meine Aufregung groß, ich war gespannt auf die Besucher und vor allem auf die Musik. „Fünf Euro, ein Getränk ist im Preis enthalten", erklärte mir der dunkelhaarige Mann am Einlass auf Deutsch mit starkem spanischem Akzent. Ich war überrascht, wurde jedoch die Treppe ins Kellergewölbe hinabgedrängt, ehe ich mir darüber Gedanken machen konnte. Von unten schlug mit laut dröhnende, orientalisch klingende Musik entgegen.

Als ich im stickigen, von Zigarettenqualm durchzogenen Keller ankam, blieb mir die Luft weg: Vor mir wogte eine Menge von mehreren Hundert Menschen, die nahezu ekstatisch zu einer Mischung aus orientalischen und osteuropäischen Klängen tanzten. Erst später sollte ich herausfinden, dass niemand der Leute, mit denen ich ins Gespräch kam, einer der zahlreichen Sprachen des Balkans mächtig war. Trotzdem gaben sich die Partygäste aller Nationalitäten den schnellen Folklore-, Rock- und Klezmer-Rhythmen und den exotischen Melodien hin und tanzten ausgelassen, ohne die poetischen und zum Teil politischen Songtexte zu verstehen, deren Ursprünge teilweise bis in die 1960er Jahre zurückreichten. Ich war begeistert: Die Musik des Balkans setzte einen neuen Trend.

Die Bezeichnung „BalkanBeats" bezieht sich in erster Linie auf die vielfältige Mischung an musikalischen Stilrichtungen und Rhythmen auf und aus dem Balkan. Erfunden wurde sie ebenso wie die gleichnamige Partyreihe von Robert Soko, der 1990 aus dem zentralbosnischen Zenica nach Berlin kam und zahlreiche musikalische Schätze im kulturellen Gepäck hatte. Nur drei Jahre später veranstaltete er das erste BalkanBeats-Event, und die Party stieß sofort auf eine sensationelle Resonanz beim tanzverrückten Berliner Publikum. Soko kombiniert traditionelle Musik vom Balkan, mischt sie mit Rock- und Popmusik und unterlegt sie mit Elektrobeats. Mittlerweile sind drei BalkanBeats-Sampler erschienen und Soko residiert nicht nur im LIDO in Berlin-Kreuzberg, sondern begeistert auch ein großes Publikum in London, Paris, Budapest, Brasilien und Südafrika. Außerdem hat der neue Stilmix der BalkanBeats-Reihe viele andere Künstler hervorgebracht, die folkloristische Musik aus Ex-Jugoslawien, Bulgarien, Albanien und Rumä-

nien neu interpretieren, so zum Beispiel das berühmte Boban & Marko Marković Orkestar.
Während ich mich noch unsicher in der Menschenmenge bewegte und mir einen Platz am Rand der Tanzfläche suchte, um das Treiben zu beobachten und einen Blick auf den DJ zu erhaschen, bemerkte ich, dass ich den Text des Songs verstand, der die Partygäste in Ekstase beförderte. Es stellte sich heraus, dass es „Disko Partizani" (Disko-Partisanen) vom Frankfurter Musikproduzenten und DJ Shantel war. Shantels Hit lässt erahnen, dass die jüngere Generation befreiter mit der Geschichte und Kultur des Balkans umgeht, waren die Partisanen im ehemaligen Jugoslawien doch eigentlich Widerstandskämpfer gegen den Faschismus. Die einzelnen Elemente der Songs von Shantel machen melancholische Evergreens aus dem ehemaligen Jugoslawien für alle zugänglich: Sie werden mit schnellen Beats unterlegt, die Texte gekürzt und um englischsprachige Passagen ergänzt – schon sind sie auch eingängig, wenn man nicht Serbisch, Kroatisch oder Bosnisch spricht. Die Mischung aus Folklore, Klezmer, Rock, Punk, Ska und Reggae ist perfekt, vor allem für eine hippe Location im Berliner Szeneviertel. Im Lauf des Abends kam ich mit ein paar Partybesuchern ins Gespräch und traf erstaunlicherweise niemanden, dessen Wurzeln im westlichen Balkan lagen. Keiner von denen, die ich fragte, verastanden die Texte, alle genossen einfach die Stimmung, die die Musik entfachte. Ich selbst war zu erschlagen von den neuen Eindrücken, um mitzutanzen – und hätte ich dem Drang nachgegeben, traditionelle Kreistänze zu tanzen, wäre ich wohl sowieso ohne Tanzpartner geblieben.
Für die Gastarbeiter aus dem ehemaligen Jugoslawien und ihre in Deutschland geborenen Nachfahren stand die Musik aus der Heimat oder aus der Heimat

der Eltern und Großeltern ausnahmslos in einem familiären Kontext: Vor allem hörte man sie auf Hochzeiten und anderen Familienfeiern. Live-Auftritten jugoslawischer Künstler gab es in Deutschland nur selten. Für diejenigen von uns, die bereits in Deutschland geboren worden und in beiden Kulturen heimisch waren, war es nicht denkbar, Kassetten oder CDs mit deutschen Freunden auszutauschen oder sie gar zu Konzerten jugoslawischer Musiker mitzunehmen. Musik vom Balkan galt in den 1970ern und in den folgenden Jahrzehnten nicht als modern oder inspirierte gar die Popmusik. Vor Beginn des 21. Jahrhundert konnte sie sich in keiner urbanen Musikszene im Westen durchsetzen. Bis auf die überschaubare Anhängerschaft des Regisseurs Emir Kušturica aus Bosnien-Herzegowina, der seinen Filmen mit Hilfe folkloristischer Blasmusik vom Balkan einen burlesken Charakter verlieh, gab es keine Subkultur in Deutschland, die sich im Besonderen mit der Kunst oder Musik vom westlichen Balkan befasste.
An Kušturicas Film „Zeit der Zigeuner“ aus dem Jahr 1995 erinnere ich mich genau. Meine Mutter ermunterte mich, mit ihr ins Kino zu gehen, um eine andere Perspektive auf das jugoslawische Leben kennenzulernen. Ich war fasziniert von den Darstellern, den bunten Kleidern und der exotischen Filmmusik, so etwas hatte ich in unserem kleinen Dorf in Bosnien-Herzegowina noch nie gesehen oder gehört. Kušturicas Umgang mit der reichen Kultur des ehemaligen Jugoslawiens, die seiner Ansicht nach maßgeblich in der Musik der Roma verwurzelt und wesentlich von ihr beeinflusst ist, war bis dato einzigartig und widersprach dem gängigen Klischees über Jugoslawen und im Besonderen über die jugoslawischen Roma als rückständige südosteuropäische Völker. Es waren vor allem die *trubaći* – die Mitglieder

der Blasmusikkapellen – mit ihrer schnellen, wilden und fröhlichen Blasmusik, die mein Interesse weckten, gab es doch in unserer Region im Gegensatz zur serbischen Teilrepublik keine Blasmusikgruppen. Meine Mutter erklärte mir, dass *trubaći* traditionell auf serbischen oder Roma-Hochzeiten spielten. Meine kindlich-naive Frage, ob wir nicht einmal auf eine solche Hochzeit gehen könnten, wurde nur mit einem Kopfschütteln beantwortet. Auch in den verschiedenen musikalischen Traditionen und Bräuchen haben sich die unsichtbaren Trennlinien zwischen den verschiedenen ethnischen Bevölkerungsgruppen in Ex-Jugoslawien schon lange vor Ausbruch des Krieges niedergeschlagen. Davon, welche Musikrichtung man kannte und mochte, wurde nicht selten auf die Ethnie geschlossen, der man angehörte.
Eine Tradition, die jedoch nahezu alle im ehemaligen Jugoslawien teilten, waren die Ausflüge im Sommer, bei denen die ganze Familie zu den häufig kostenlosen Open-Air-Konzerten der verschiedenen musikalischen Richtungen fuhr. Während der Sommermonate gab es zahlreiche Festivals und Konzerte im Inland und am Meer. Namhafte jugoslawische Künstler und Bands traten regelmäßig vor einem großen, äußerst gemischten Publikum auf: Jung und Alt, Stadt- und Landbewohner fuhren zu den Stadien oder Wiesen, um die Stars der 1980er und 1990er Jahre zu bewundern. Die Konzertkarten waren so günstig, dass die ganze Familie das jeweilige Pop-, Rock- oder Folklore-Konzert besuchen konnte. Konzertbesuche waren nur in seltenen Fällen Erwachsenen vorbehalten, im Gegensatz zur westlich geprägten Pop- und Rockmusik begeistere die einheimische *narodna muzika* (Folk-Musik) generationenübergreifend.
Wie in allen sozialistischen und kommunistischen Staaten Ost- und Südosteuropas orientierte sich die

Jugend an der amerikanischen und britischen Musikszene und imitierte sowohl die Songs als auch die Mode. Jeden Sommer besuchte ich in den Schulferien meine Familie in Bosnien-Herzegowina, immer mit Kassetten von U2, Jon Bon Jovi und Madonna im Gepäck. In den Städten gab es Kaufhäuser, die englischsprachige Musikkassetten und LPs im Angebot hatten, aber es bestand nur eine kleine Auswahl, in der nicht die aktuellen Hits zu finden waren, sondern Klassiker wie die Beatles oder Supertramp. Meine Cousins, Cousinen und ich setzten uns eng im Kreis zusammen, drehten die Lautstärke meines Walkmans bis zum Anschlag auf und sangen die Songs in eher dürftigem Englisch mit. Es gab nur wenige jugoslawische Bands, die wir in jener Zeit als „cool“ betrachteten. Dazu gehörte allerdings in jedem Fall die legendäre jugoslawische Rockband *Bijelo Dugme* (Weißer Knopf) aus Sarajevo. Neben massentauglichen Hits, die sich um die Liebe oder exzessives Rockstar-Dasein drehten, waren sie auch für politische Songtexte bekannt, wenngleich sie nicht explizit regierungskritisch waren. Der Refrain des Liedes *Lipe cvatu* (Die Linden blühen) aus dem Jahr 1984 scheint den bevorstehenden Zerfall Jugoslawiens geradezu anzukündigen, auch wenn das Lied von der schwindenden Liebe zweier Menschen handelt:

Lipe cvatu,
sve je isto ko i lani,
samo srce moje i srce tvoje
u ljubavi vise ne stoje.

Die Linden blühen,
es ist alles wie letztes Jahr,
nur mein Herz und Dein Herz
stehen nicht mehr in Liebe zueinander.

Geradezu prophetisch besingen sie den aufkeimenden Hass zwischen Serben, Kroaten und Bosniaken, die nicht mehr in Liebe zur Heimat Jugoslawien geeint sind. Goran Bregović, der Gitarrist und Mitbegründer der Band, avancierte nach der Auflösung von *Bijelo Dugme* zu einem weltberühmten Filmmusikkomponisten. Er machte nicht nur die Musik zu zahlreichen Filmen Emir Kušturicas, sondern auch zu vielen französischen Produktionen. Heute ist Bregović eine der schillerndsten Gestalten in der noch relativ jungen, neueren BalkanBeat-Szene und verbindet die traditionelle Musik aus dem ehemaligen Jugoslawien mit internationalen Formen der Popmusik.
Während des Krieges in den 1990er Jahren wurde der Hass zwischen den drei großen ethnischen Bevölkerungsgruppen nicht nur mit Hilfe politischer Propaganda befeuert. Auch die Rock- und sogar die Folkloremusik trugen einen beachtlichen Teil dazu bei, die kulturellen und religiösen Unterschiede der jeweils anderen Gruppe zu vergrößern. Mit harten Beats unterlegt und in eingängige Refrains gepresst wurde kriegstreiberische Propaganda in Diskotheken und Bars hoffähig, und die Songs ließen das Publikum regelrecht in Ekstase verfallen. Die Sängerinnen und Sänger – oftmals keine namhaften Künstler, sondern Eintagsfliegen der Musikszene – heizten die Emotionen der Massen an, deklarierten in ihren Liedern die Soldaten der eigenen Ethnie zu Kriegshelden und Befreiern von eindringenden, autoritären Mächten. Viele Besucher von Diskos und Konzerten nutzten die oftmals aggressive Stimmung im Publikum, um den eigenen Gefühlen freien Lauf zu lassen, hatte doch nahezu jeder Verluste in unter den Angehörigen und Freunden zu verkraften. Die propagandistischen Kriegslieder waren glücklicherweise nur so lange populär, wie die Auseinandersetzun-

gen im ehemaligen Jugoslawien andauerten. Heute gibt es nur noch vereinzelt Künstler der verschiedenen Ethnien, die sich in ihren Liedtexten mit populistischen Themen wie Nationalstolz oder Patriotismus auseinandersetzen.

Im Bosnien-Herzegowina der Gegenwart ist die Musikszene wieder so bunt, wie sie es in den 1970er und 1980er Jahren war. Jedes Genre – sei es Rock, Pop, Rap, Hip-Hop, Folklore oder elektronische Musik – erfreut sich großer Beliebtheit und findet sein Publikum. Die Folklore, die *narodnjake*, ist noch immer ein elementarer Bestandteil der jeweiligen Volkskultur und spielt vor allem in familiären Kontexten eine große Rolle. Aus der traditionellen Folkloremusik entwickelte sich über die letzten Jahre hinweg ein neues musikalisches Phänomen, der sogenannte Turbo-Folk: Alte Volksweisen und Schlager werden mit einem schnellen Elektro-, Techno-, Rock- oder Pop-Rythmus unterlegt, sodass die folkloristischen Lieder tanzbar und einem größeren Publikum zugänglich werden. Die alten Texte werden oft kaum verändert und bleiben nicht zuletzt durch die neue Form der musikalischen Bearbeitung im kollektiven Gedächtnis. Besonders populär ist Turbo-Folk in ländlicheren Gegenden in Serbien und der Serbischen Republik in Bosnien-Herzegowina, aber auch unter jungen Kroaten und Bosniern erfreut er sich einiger Beliebtheit. Inzwischen basiert Turbo-Folk weniger auf Techno-Beats, sondern verstärkt auf arabischen Rhythmen. Für das jüngere serbische oder kroatische Publikum scheint dies kein Problem mehr darzustellen, was ein Indiz dafür ist, dass Turbo-Folk wie auch andere populäre Musikrichtungen kaum mehr über jenen politisierenden Charakter verfügen, der ihnen in den 1990er Jahren eigen war.

Von Stadtbewohnern wird Turbo-Folk jedoch oftmals als primitive Form der Unterhaltung betrachtet, die über keinerlei musikalische Qualitäten verfügt. Dies liegt in erster Linie daran, dass die Lieder des Genres lediglich als Wiederverwertung alter Schlager ohne Anspruch auf Originalität gelten. Gleichzeitig stehen die jüngeren Bewohner aller ethnischen Gruppen Bosnien-Herzegowinas aus ländlicheren Gegenden den Künstlern der alternativen urbanen Subkultur, zur der auch die Reihe „BalkanBeats" gehört, mit Desinteresse gegenüber. Als ich gleichaltrigen Verwandten Shantels Songkreationen vorspielte, stieß ich deshalb auf Ablehnung und Unverständnis. Meine deutschen Freunde hingegen begeisterten sich schnell für die Musik vom Balkan, besuchten sogar Konzerte und Balkan-Partys.
Ich finde, dass BalkanBeats auf keiner guten Feier fehlen sollten, und auch bei meiner eigenen deutsch-kroatischen Hochzeit legte der DJ zu später Stunde „Disko Partizani" auf. Die Tanzfläche füllte sich innerhalb von Sekunden. Während die deutschen, englischen, italienischen, serbischen und griechischen Gäste sofort die Hüften kreisen ließen und erstaunlich textsicher mitsangen, bemerkte ich die Ratlosigkeit in den Augen meiner Verwandten. Für kurze Zeit wussten sie nicht, ob sie tanzen oder sich setzen sollten, proklamiert ein Vers im Refrain doch die *„ciganizacija"* (Zigeunerisierung) des Balkans – den meisten Bosniern und Herzegowinern erscheint eine solche Forderung absurd, wenn nicht gar verletzend, ist man doch seit Jahren damit beschäftigt, sich von den anderen ethnischen Bevölkerungsgruppen und Minderheiten zu distanzieren und die Unterschiede in den Vordergrund zu stellen.
Zum Glück ließen sich alle schnell von der Stimmung anstecken, tanzten ausgelassen und betrachteten die

Musikwahl als eine meiner ausgefallenen Ideen. „Wo hast du das schon wieder her?“ fragte mich mein Cousin, während wir nebeneinander tanzten. „Das hast du bestimmt aus Amerika mitgebracht, oder?“ Noch bevor ich antworten konnte, meldete sich die Griechin zu meiner linken zu Wort: „Das ist von einem deutschen Musiker. Kennst du das Lied etwa nicht?“ Er war irritiert und schüttelte nur den Kopf. „Egal“, lachte sie ihn an und riss seine Arme in die Luft. „Los, Arme hoch, beweg' dich! Ich dachte, ihr Jugos tanzt so ausgelassen wie wir Griechen oder wie die Zigeuner!“

Danksagung

Zur Entstehung dieses Buches haben zahlreiche Personen in unterschiedlicher Weise beigetragen. An dieser Stelle möchte ich all diejenigen erwähnen, die mich auf diesem langen Weg begleitet und in unzähligen Gesprächen immer wieder motiviert haben. Mein herzlichster Dank gilt meiner Familie in Bosnien-Herzegowina, die niemals aufhört, mich zu überraschen und zu inspirieren. Ich danke meiner Mutter, die mich immer wieder bat, alle Erlebnisse aufzuschreiben und mit anderen zu teilen. Gemeinsam mit meinem Vater hat sie mir Vertrauen in meine schriftstellerischen Fähigkeiten gegeben und mich gelehrt, an meinen Ideen festzuhalten und sie umzusetzen. Ein stiller Dank geht an meine verstorbenen Großeltern Jela und Šimun Jurić, die vor langer Zeit ihre Heimat verlassen haben, aber in der Fremde immer dafür sorgten, dass die emotionale Verbindung nach Bosnien-Herzegowina durch die Erhaltung von Sprache und Traditionen nicht abriss. Nicht vergessen werden sollen meinen Freunde und Bekannten, die bereits vor Jahren für eine Veröffentlichung der einzelnen Kapitel plädierte haben und sich nun auf das Gesamtwerk freuen.

Insbesondere möchte ich Sandra Thoms vom Dryas Verlag danken für die einzigartige Chance und die kontinuierliche Ermunterung, dieses Projekt zu realisieren, sowie ihren Mitarbeitern Julia Kaufhold und Stephan Ditschke für das hervorragende Lektorat und den ergiebigen Ideen- und Gedankenaustausch.

Zu guter Letzt möchte ich mich von ganzem Herzen bei Daniel bedanken, der über mehr als zwei Jahre hinweg mit mir gemeinsam den Alltag in Bosnien-Herzegowina erlebte und darüber diskutierte, geschriebene Kapitel gelesen und kommentiert, sich jedoch während des gesamten Schreibprozesses stets zurückgenommen hat, um mir ausreichend Raum zur kreativen Umsetzung meiner Erfahrungen mit dem Leben und den Menschen in Bosnien-Herzegowina zu lassen.

Spendeninformation SOS-Kinderdorf Bosnien-Herzegowina

Wir geben in Not geratenen Kindern eine Familie. Wir helfen ihnen, ihre Zukunft selbst zu gestalten. Wir tragen zur Entwicklung ihrer Gemeinden bei.
(*Aus dem Leitbild von SOS-Kinderdorf International*)

Die SOS-Kinderdörfer betreuen Familien und Kinder in verschiedenen Regionen Bosnien-Herzegowinas. Das System garantiert eine direkte Hilfe, die sich nicht auf eine Region oder eine Bevölkerungsgruppe konzentriert. Innerhalb der SOS-Kinderdörfer und der anderen Einrichtungen des Vereins erfahren Kinder, Jugendliche und Familien eine direkte Hilfe, unabhängig davon, welcher Religion oder Ethnie sie angehören. Das ist der Grund, weshalb der Verein SOS-Kinderdorf als Spendenpartner für dieses Buch ausgewählt wurde.
SOS-Kinderdorf International knüpfte bereits 1994, als während des Bürgerkrieges in Bosnien-Herzegowina zwischen 1991 und 1995 zahlreiche Kinder ihre Eltern verloren, Kontakte zu den zuständigen Behörden und erarbeitete einen Aktionsplan, um Soforthilfe-Maßnahmen durchzuführen.
Nach Ende des Krieges beschloss SOS-Kinderdorf, die Bevölkerung mit dauerhaften Einrichtungen zu unterstützen. Im September 1996 fand die Grundsteinlegung für das SOS-Kinderdorf in der Hauptstadt Sarajevo statt, einen Monat später folgte die Grundsteinlegung für das zweite bosnische SOS-Kinderdorf in Gračanica bei Tuzla. Ende Februar 1998 wurden beide SOS-Kinderdörfer fertiggestellt, und kurz darauf konnten die ersten Kinder ihr neues Zuhause beziehen. Da die Stadt Mostar

durch das Bombardement besonders betroffen war, entschied sich SOS-Kinderdorf International, außerdem zwei ausgebombte Kindergärten zu renovieren – einen im bosnischen und einen im kroatischen Teil der Stadt.
Die Kindertagesstätte im SOS-Sozialzentrum Sarajevo initiierte ein Programm, das es Kindern bedürftiger Eltern ermöglicht, am Nachmittag oder am Wochenende die Vorschule zu besuchen. Dieses Programm wurde auch in den SOS-Kindertagesstätten Goražde und Mostar 2005 eingeführt. Ebenfalls seit 2005 führt SOS-Kinderdorf Bosnien mehrere Familienförderprogramme durch. Mit ihnen sollen unter anderem Krisen, die in letzter Konsequenz dazu führen können, dass Kinder in eine Fremdbetreuung kommen, durch die gemeinsame Arbeit mit den benachteiligten Familien abgefangen werden. Mit verschiedenen Unterstützungsangeboten konzentriert sich SOS-Kinderdorf darauf, Familien soweit zu stärken und zu stabilisieren, dass sie ihr Leben wieder eigenständig bewältigen und für ihre Kinder sorgen können.
Zurzeit gibt es in Bosnien-Herzegowina zwei SOS-Kinderdörfer, zwei SOS-Jugendeinrichtungen und fünf SOS-Sozialzentren.

Slowenien
Zagreb
Ungarn
Kroatien
Slavonski Brod
Novi Sad
Bosanski Novi
Bosanska Gradiška
Bosanski Brod
Bihać
Omarska
Doboj
Brčko
Sabac
Sanski Most
Banja Luka
Sana
Republika Srpska
Bosna
Tuzla
Mali Zvornik
Zvornik
Jajce
Travnik
Zenica
Serbien
Srebrenica
Sarajevo
Livno
Föderation Bosnien und Herzegowina
Pale
Drina
Split
Jablanica
Foča
Neretva
Mostar
Republika Srpska
Montenegro
Neum
Trebinje
Dubrovnik
Podgorica
Kotor
Adria
Albanien
Bosnien und Herzegowina
Internationale Grenze
Inter-Entitäts-Linie
Seit März 1999 ist Brčko Sonderverwaltungsgebiet unter internationaler Aufsicht.
0 20 40 60 80 100 km